Impressum
Verlag: BABADADA GmbH, Nedderfeld 112 , 22529 Hamburg
Geschäftsführer / Verlagsleitung: Harald Hof
Druck: Books on Demand GmbH, In de Tarpen 42, 22848 Norderstedt

Imprint
Publisher: BABADADA GmbH, Nedderfeld 112 , 22529 Hamburg, Germany
Managing Director / Publishing direction: Harald Hof
Print: Books on Demand GmbH, In de Tarpen 42, 22848 Norderstedt, Germany

школа

School

классная комната
Klassenstuuv
делить
delen
186/2
доска
Tafel
школьный двор
Schoolhoff
учитель
Schoolmeester
бумага
Papeer
писать
schrieven
ручка
Sticken
письменный стол
Schrievdisch
линейка
Lienholt
книга
Book
ученик
Schöler

ранец

Ranzel

пенал

Feddermapp

карандаш

Bleesticken

точилка

Scharpmaker

ластик

Radeergummi

альбом для рисования

Tekenblock

рисунок

Teken

кисточка

Pinsel

коробка красок

Malkassen

ножницы

Scheer

клей

Klever

тетрадь

Heft to'n Öven

домашняя работа

Huusopgaav

12

цифра

Tall

2+2

прибавлять

tohooptellen

5-2

вычитать

aftrecken

2×2

умножать

malnehmen

42

считать

reken

A

буква

Bookstaav

ABCDEFG
HIJKLMN
OPQRSTU
VWXYZ

алфавит

ABC

hello

слово

Woort

текст

Text

читать

lesen

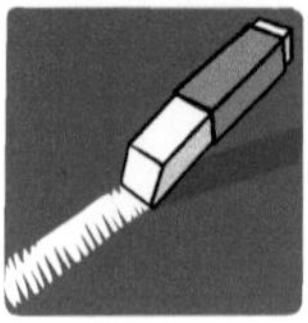

мел

Kried

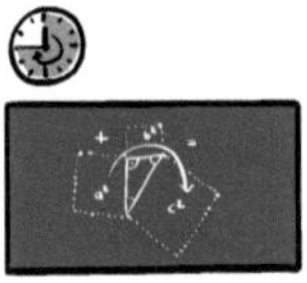

урок

Stunn

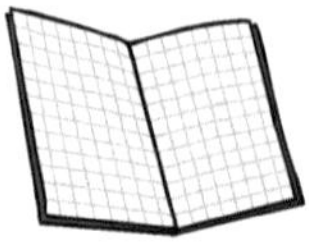

классный журнал

Klassenbook

экзамен

Pröven

диплом

Tüügnis

школьная форма

Schooluniform

образование

Utbillen

энциклопедия

Nakieksel

университет

Universität

микроскоп

Mikroskop

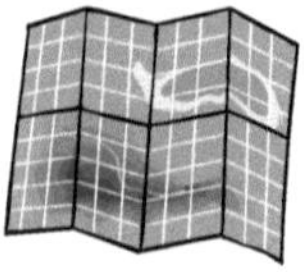

карта

Koort

корзина для бумаг

Papeerkorf

путешествие
Törn

гостиница
Hotel
Grand
турбаза
Harbarg
ROOMS
пункт обмена валюты
Wesselstuuv
чемодан
Kuffer
автомобиль
Auto

язык

Spraak

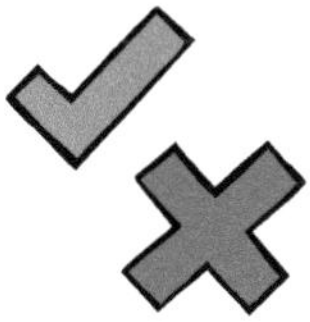

да / нет

jo / ne

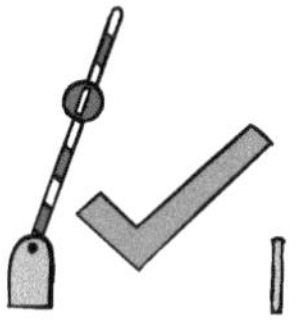

хорошо

Jo

Привет

Moin

переводчик

Översetter

Спасибо

Dank ok

Сколько стоит...?

Wat kost...?

Я не понимаю

Ik verstah nich

проблема

Problem

Добрый вечер!

Goden Avend

Доброе утро!

Moin!

Доброй ночи!

Gode Nacht!

До свидания

Tschüüs

направление

Richt

багаж

Bagaasch

сумка

Tasch

рюкзак

Rüchsack

гость

Gast

комната

Stuuv

спальный мешок

Slaapsack

палатка

Telt

туристическая информация

Touristeninformatschoon

пляж

Strand

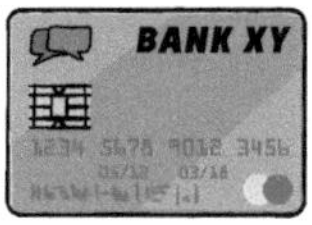
BANK XY

кредитная карточка

Kreditkoort

завтрак

Fröhstück

обед

Meddageten

ужин

Avendeten

билет

Fohrkort

лифт

Fohrstohl

70

почтовая марка

Breefmark

граница

Grenz

таможня

Toll

посольство

Bottschop

виза

Visum

PASSPORT

паспорт

Pass

транспорт
Transport

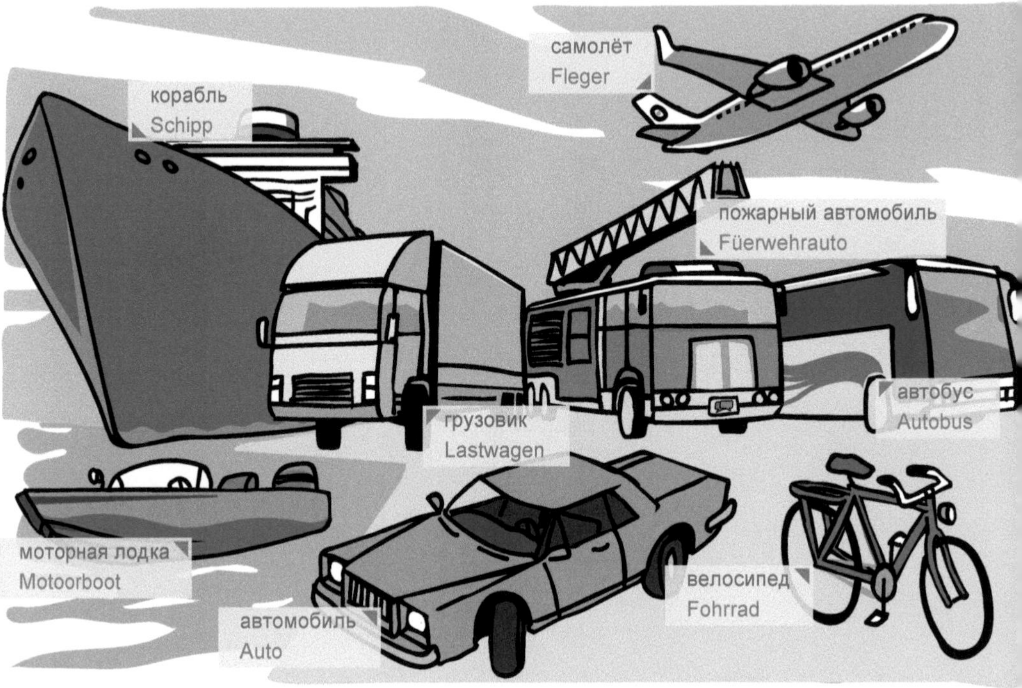
самолёт
Fleger
корабль
Schipp
пожарный автомобиль
Füerwehrauto
грузовик
Lastwagen
автобус
Autobus
моторная лодка
Motoorboot
велосипед
Fohrrad
автомобиль
Auto

паром
Fähr

лодка
Boot

мотоцикл
Motoorrad

полицейский автомобиль
Polizeiauto

гоночный автомобиль
Rönnauto

арендованный автомобиль
Lehnwagen

совместное пользование автомобилями

Carsharing

буксировочный автомобиль

Afsleepwagen

мусоровоз

Müllauto

двигатель

Motoor

топливо

Kraftstoff

заправка

Tanksteed

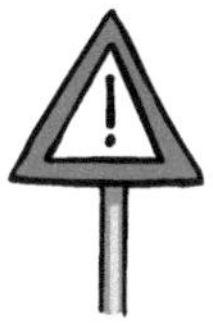

дорожный знак

Verkehrsschild

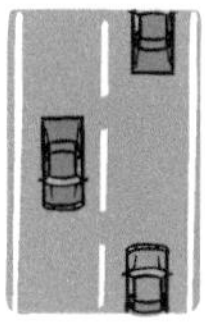

движение

Verkehr

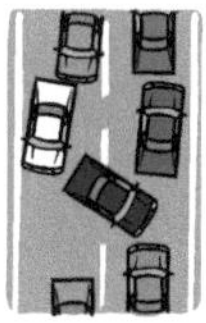

пробка

Stau

автостоянка

Afstellplatz

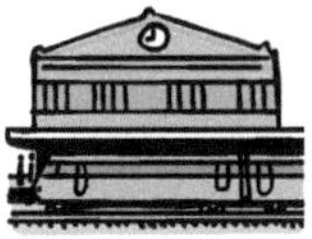

вокзал

Bahnhoff

рельсы

Sporen

поезд

Tog

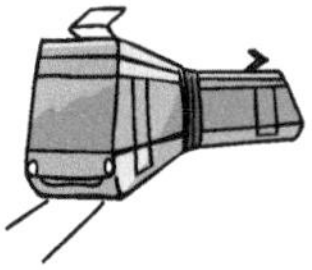

трамвай

Stratenbahn

вагон

Wagon

вертолёт

Dwarsmöhl

аэропорт

Flooghaven

вышка

Tower

пассажир

Fohrgast

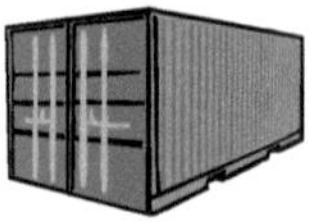

контейнер

Grootkist

коробка

Karton

тележка

Koor

корзина

Korf

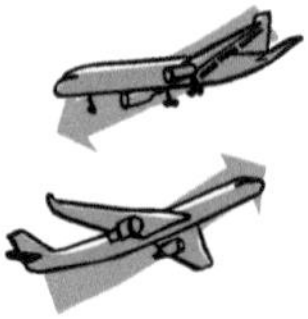

взлетать / приземляться

starten / lannen

город

Stadt

деревня

Dörp

центр города

Binnenstadt

дом

Huus

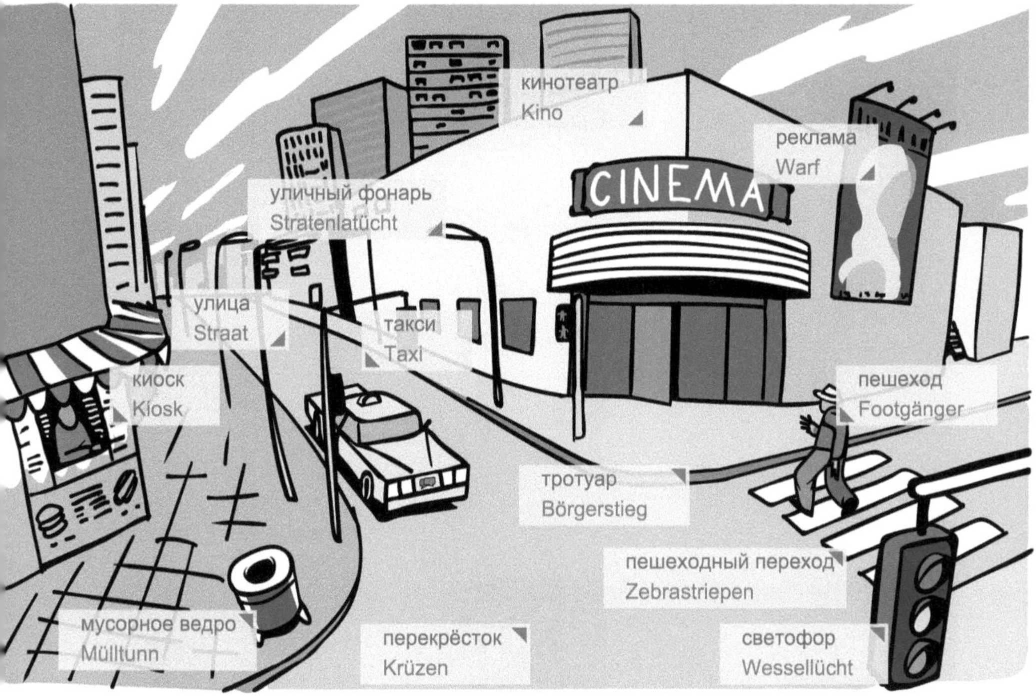
кинотеатр
Kino
CINEMA
реклама
Warf
уличный фонарь
Stratenlatücht
улица
Straat
такси
Taxi
киоск
Kiosk
пешеход
Footgänger
тротуар
Börgerstieg
пешеходный переход
Zebrastriepen
мусорное ведро
Mülltunn
перекрёсток
Krüzen
светофор
Wessellücht

хижина

Hütt

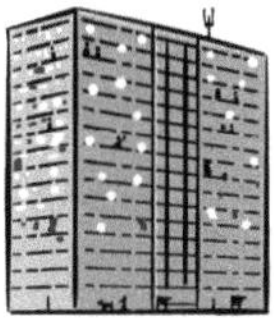

квартира

Wahnung

вокзал

Bahnhoff

ратуша

Raathuus

MUSEUM

музей

Museum

школа

School

университет

Universität

BANK

банк

Bank

больница

Krankenhuus

гостиница

Hotel

GOOD FOR HEALTH

аптека

Afteek

офис

Büro

BOOKS
B

книжный магазин

Bookhökerie

5
10

магазин

Hökerie

FLOWERS

цветочный магазин

Blomenhökerie

S

супермаркет

Supermarkt

рынок

Markt

универмаг

Koophuus

FISH

торговец рыбой

Fischhökerie

торговый центр

Inkoopszentrum

порт

Haven

парк

Parkanlaag

скамейка

Bank

мост

Brüch

лестница

Trepp

метро

Ünnergrundbahn

тоннель

Tunnel

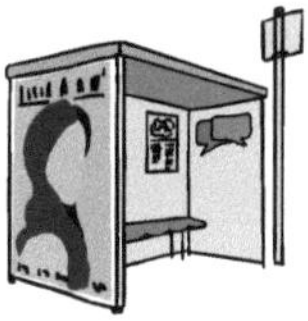

автобусная остановка

Busstoppsteed

PHILLIES

бар

Bar

CHEZ GERALD

ресторан

Spieslokal

почтовый ящик

Breefkassen

табличка с названием улицы

Stratenschild

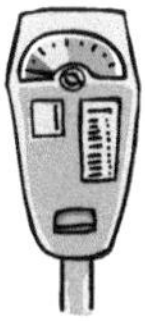

паркометр

Parkklock

зоопарк

Deertenpark

бассейн

Baadanstalt

мечеть

Moschee

ферма

Buernhoff

загрязнение окружающей среды

Ümweltversmudden

кладбище

Karkhoff

церковь

Kark

детская площадка

Speelplatz

храм

Tempel

ландшафт

Landschop

лист
Blatt
дорожный указатель
Wiespahl
дорога
Weg
луг
Wisch
камень
Steen
дерево
Boom
путешественник
Wannerer
река
Fluss
трава
Gras
цветок
Bloom

долина

Daal

гора

Barg

озеро

See

лес

Holt

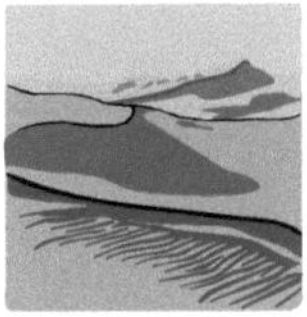

пустыня

Wööst

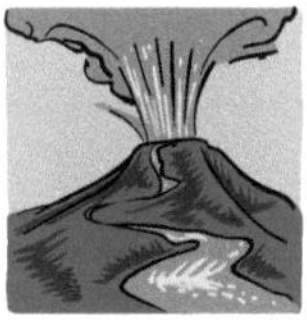

вулкан

Füerspien Barg

замок

Slott

радуга

Regenbagen

гриб

Poggenstohl

пальма

Palm

комар

Steekmück

муха

Fleeg

муравей

Miegeemk

пчела

Imm

паук

Spinn

жук

Sebber

лягушка

Pogg

белка

Katteker

еж

Swienegel

заяц

Haas

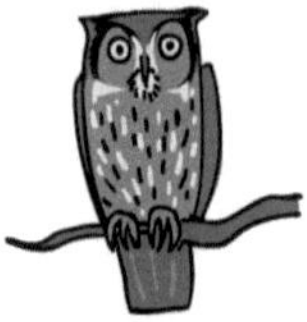

сова

Uul

птица

Vagel

лебедь

Swaan

кабан

Wildswien

олень

Hirsch

лось

Elk

плотина

Staudamm

ветряной генератор

Windrad

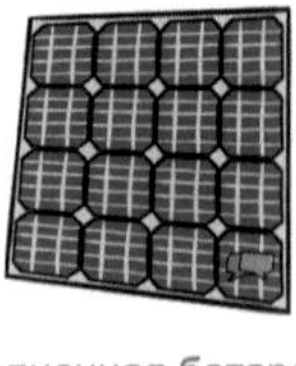

солнечная батарея

Solarmodul

климат

Klima

ресторан
Spieslokal

официант
Kellner
меню
Spieskoort
стул
Stohl
суп
Supp
пицца
Pizza
столовые приборы
Bestick
скатерть
Dischdeek

закуска

Vörspies

главное блюдо

Haupteten

десерт

Nadisch

напитки

Drünk

еда

Eten

бутылка

Buddel

фастфуд

Fastfood

уличная еда

Strateneten

чайник

Teekann

сахарница

Zuckerdoos

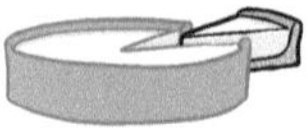

порция

Portschoon

кофеварка

Espressomaschien

детский стульчик

Hoochstohl

счет

Reken

поднос

Tablett

нож

Mess

вилка

Gavel

ложка

Lepel

чайная ложка

Teelepel

салфетка

Munddook

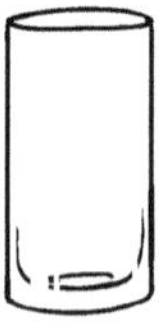

стакан

Glas

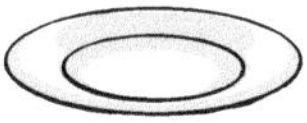

тарелка

Töller

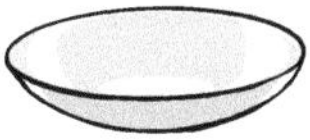

суповая тарелка

Suppentöller

блюдце

Ünnertass

соус

Sooß

солонка

Soltstreuer

мельница для перца

Pepermöhl

уксус

Etig

масло

Ööl

специи

Krüder

кетчуп

Ketchup

горчица

Mostrich

MAYO

майонез

Mayonnaise

супермаркет
Supermarkt

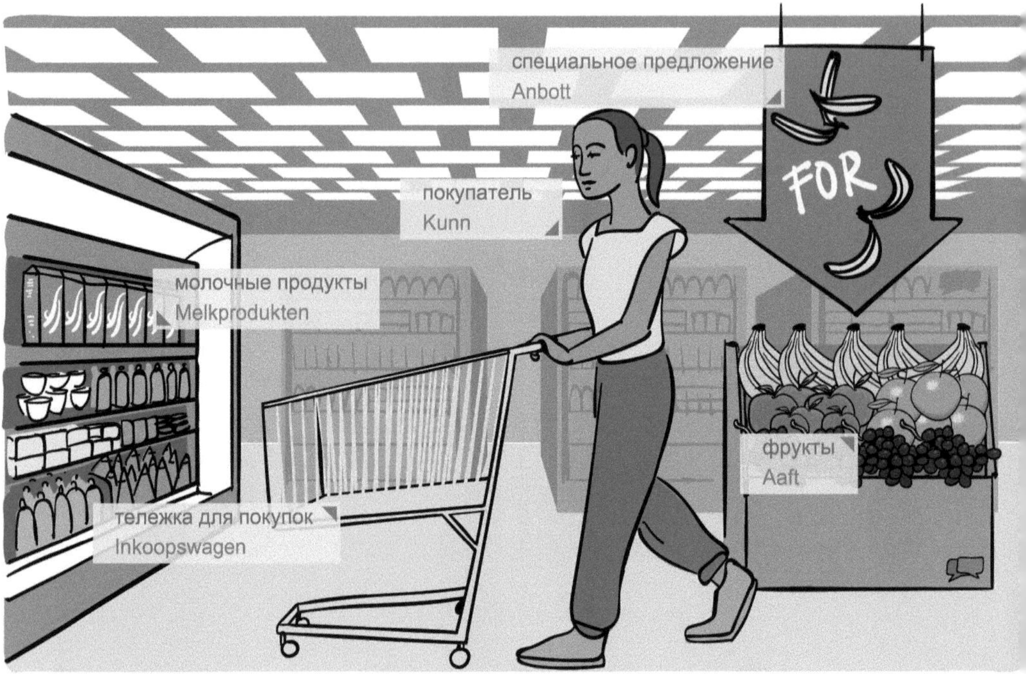
специальное предложение
Anbott
FOR
покупатель
Kunn
молочные продукты
Melkprodukten
фрукты
Aaft
тележка для покупок
Inkoopswagen

BUTCHERS

мясной магазин

Slachterie

BAKERY

пекарня

Bäckerie

взвешивать

wegen

овощи

Gröönsaken

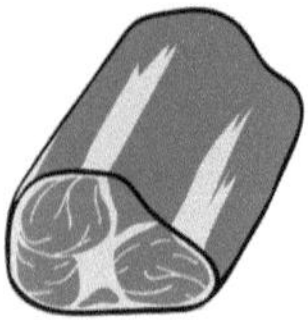

мясо

Fleesch

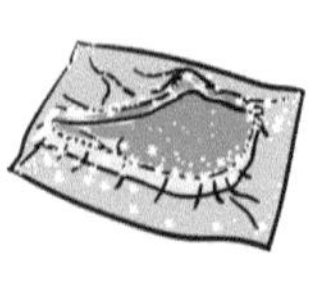

быстрозамороженные продукты

Deepköhlkost

нарезка

Opsnitt

консервы

Konserven

Clean

стиральный порошок

Waschmiddel

BON BON

сладости

Snoopkraam

предмет домашнего обихода

Huushooltssaken

моющее средство

Reinmaaktüüch

продавщица

Verköpersche

касса

Kass

кассир

Kasserer

список покупок

Inkoopslist

OPEN

время работы

Opsparrtieden

бумажник

Breeftasch

BANK XY

кредитная карточка

Kreditkoort

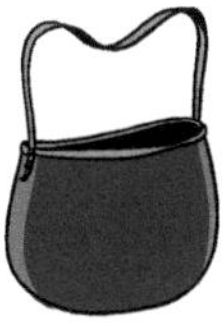

сумка

Tasch

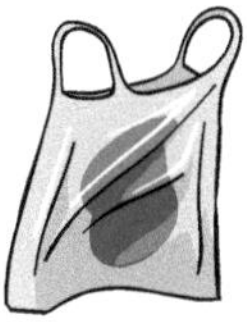

полиэтиленовый пакет

Plastiktüüt

напитки

Drünk

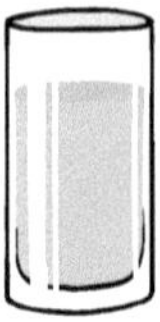

вода

Water

сок

Saft

молоко

Melk

кока-кола

Cola

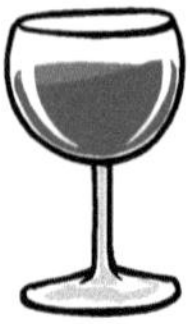

вино

Wien

пиво

Beer

алкоголь

Spriet

CACAO

какао

Kakao

чай

Tee

кофе

Koffie

эспрессо

Espresso

капучино

Cappucino

еда
Eten

банан

Banaan

яблоко

Appel

апельсин

Appelsien

арбуз

Meloon

лимон

Zitroon

морковь

Wöttel

чеснок

Knuuvlook

бамбук

Bambus

лук

Zibbel

гриб

Poggenstohl

орехи

Nööt

лапша

Nudeln

спагетти

Spaghetti

рис

Ries

салат

Salat

картофель фри

Pommes frites

жареный картофель

Braadkantüffeln

пицца

Pizza

гамбургер

Hamborger

сэндвич

Sandwich

шницель

Snitzel

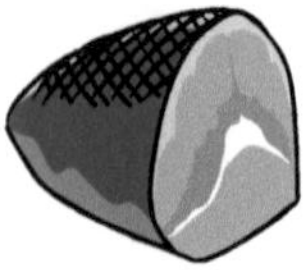

ветчина

Schinken

салями

Salami

колбаса

Wust

курица

Hohn

жаркое

Braden

рыба

Fisch

OATS

овсяные хлопья

Haverflocken

MUESLI

мюсли

Müsli

кукурузные хлопья

Cornflakes

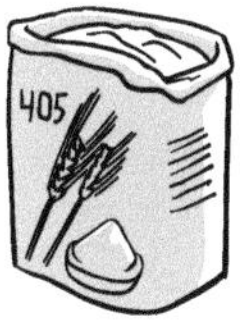
405

мука

Mehl

круассан

Croissant

булочка

Rundstück

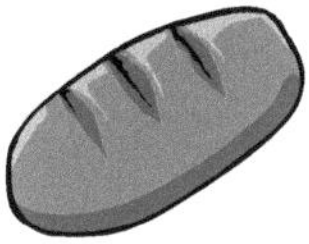

хлеб

Broot

тост

Toast

печенье

Keksen

масло

Botter

творог

Quark

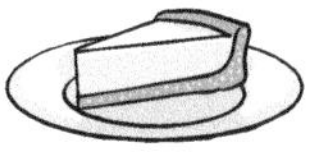

пирог

Koken

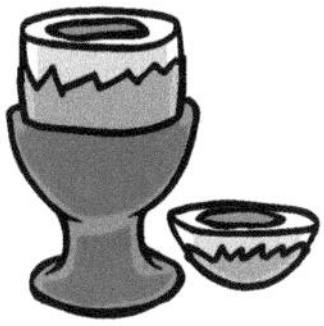

яйцо

Ei

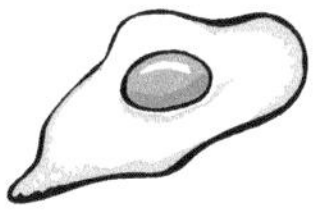

яичница

Spegelei

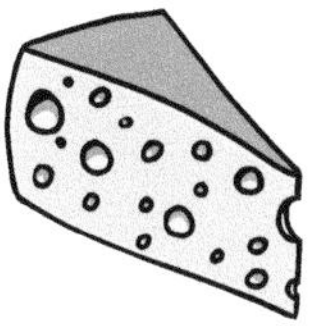

сыр

Kees

мороженое

IJs

сахар

Zucker

мёд

Honnig

мармелад

Marmelaad

крем с нугой

Nougat-Creme

карри

Curry

ферма
Buernhoff

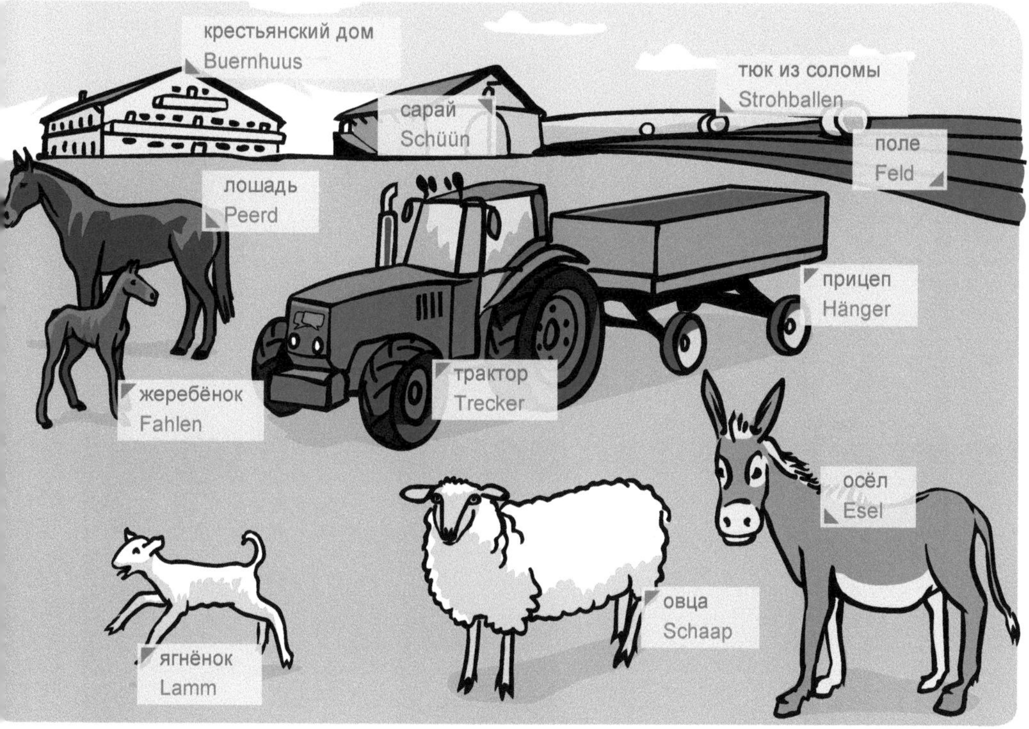
крестьянский дом
Buernhuus
сарай
Schüün
тюк из соломы
Strohballen
поле
Feld
лошадь
Peerd
прицеп
Hänger
трактор
Trecker
жеребёнок
Fahlen
осёл
Esel
овца
Schaap
ягнёнок
Lamm

коза

Zeeg

корова

Koh

телёнок

Kalf

свинья

Swien

поросёнок

Farken

бык

Bull

гусь

Goos

утка

Aant

цыплёнок

Küken

курица

Hohn

петух

Hahn

крыса

Rott

кошка

Katt

мышь

Muus

вол

Oss

собака

Hund

конура

Hunnenhütt

садовый шланг

Goornslauch

лейка

Geetkann

коса

Lee

плуг

Ploog

серп

Sich

мотыга

Hack

навозные вилы

Mestfork

топор

Ext

тачка

Schuufkoor

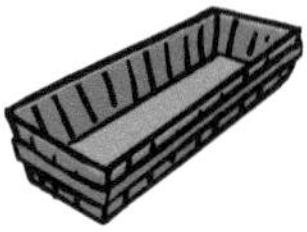

корыто

Trog

бидон для молока

Melkkann

мешок

Sack

забор

Tuun

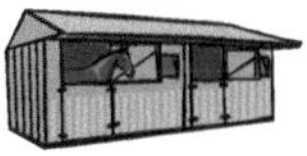

хлев

Stall

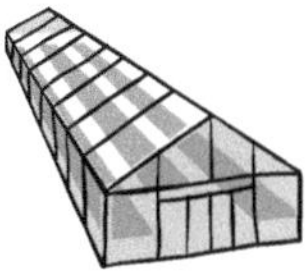

теплица

Drievhuus

почва

Bodden

посев

Saat

удобрение

Dünger

комбайн

Meihdöscher

собирать урожай

oornen

урожай

Oorn

ямс

Yamswöttel

пшеница

Weten

соя

Soja

картофель

Kantüffel

кукуруза

Törksche Weten

рапс

Rapp

фруктовое дерево

Aaftboom

маниок

Troopsch Kantüffel

злаки

Koorn

дом
Huus

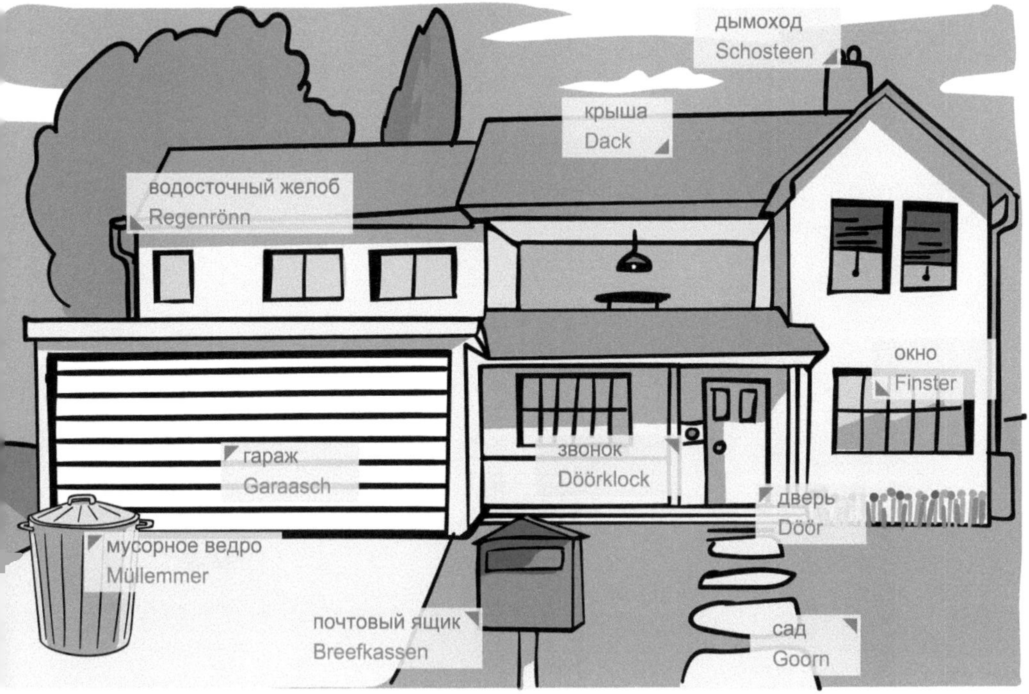

дымоход
Schosteen
крыша
Dack
водосточный желоб
Regenrönn
окно
Finster
гараж
Garaasch
звонок
Döörklock
дверь
Döör
мусорное ведро
Müllemmer
почтовый ящик
Breefkassen
сад
Goorn

гостиная

Wahnstuuv

ванная комната

Baadstuuv

кухня

Köök

спальня

Slaapstuuv

детская комната

Kinnerstuuv

столовая

Eetstuuv

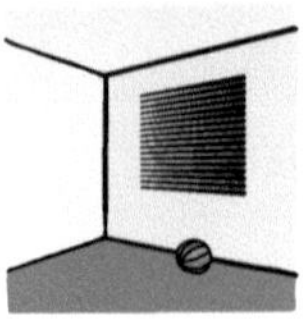

пол

Footbodden

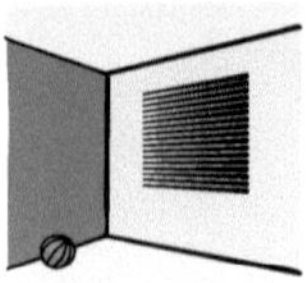

стена

Wand

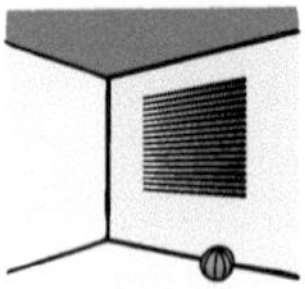

потолок

Deek

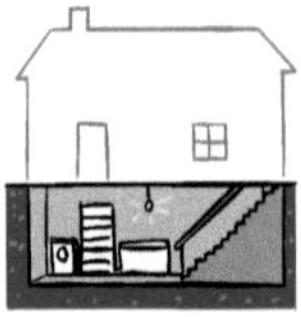

подвал

Keller

сауна

Hittluftbad

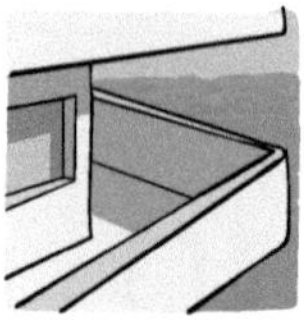

балкон

Balkon

терраса

Terrass

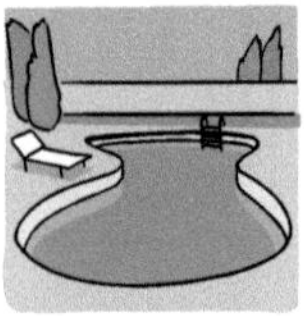

бассейн

Swümmbad

газонокосилка

Rasenmeiher

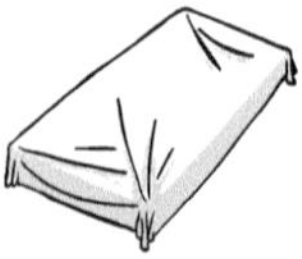

пододеяльник

Bettbetog

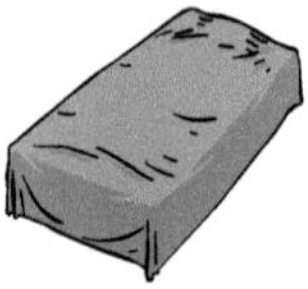

покрывало

Bettdeek

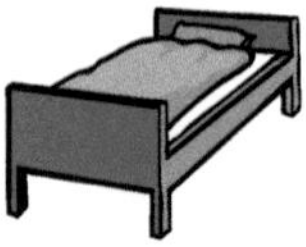

кровать

Puuch

метла

Bessen

ведро

Emmer

выключатель

Schalter

гостиная

Wahnstuuv

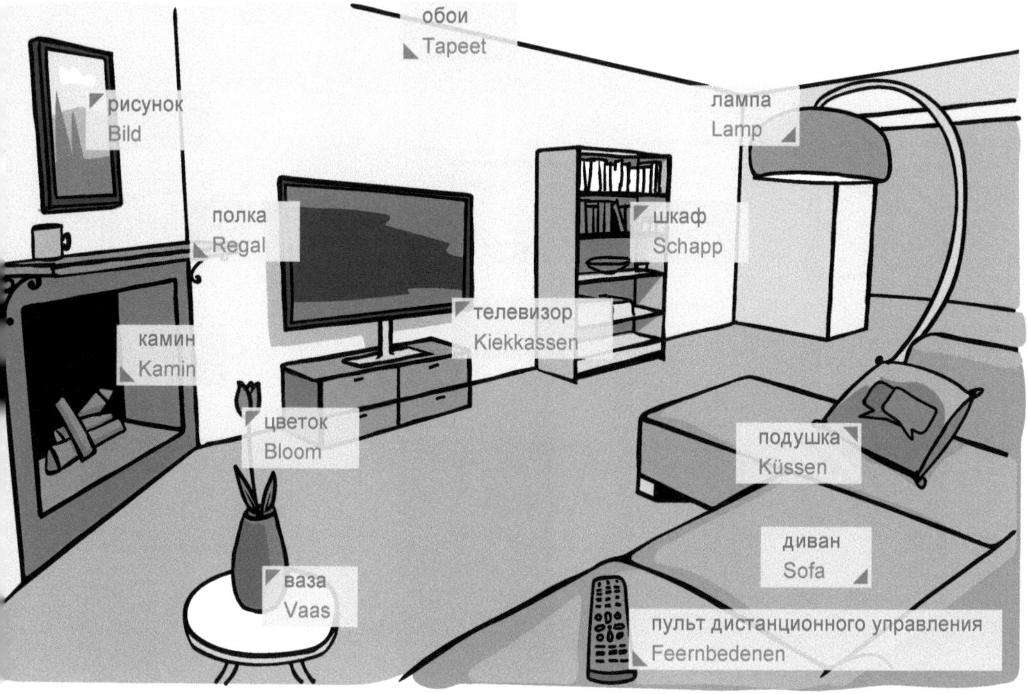
обои
Tapeet
рисунок
Bild
лампа
Lamp
полка
Regal
шкаф
Schapp
телевизор
Kiekkassen
камин
Kamin
цветок
Bloom
подушка
Küssen
диван
Sofa
ваза
Vaas
пульт дистанционного управления
Feernbedenen

ковёр

Teppich

штора

Vörhang

стол

Disch

стул

Stohl

кресло-качалка

Schuckelstohl

кресло

Sessel

книга

Book

покрывало

Deek

украшение

Dekoratschoon

дрова

Füerholt

фильм

Film

стереосистема

Stereoanlaag

ключ

Slötel

газета

Narichtenblatt

картина

Gemälde

плакат

Poster

радио

Radio

блокнот

Opschrievblock

пылесос

Huulbessen

кактус

Kaktus

свеча

Kars

кухня
Köök

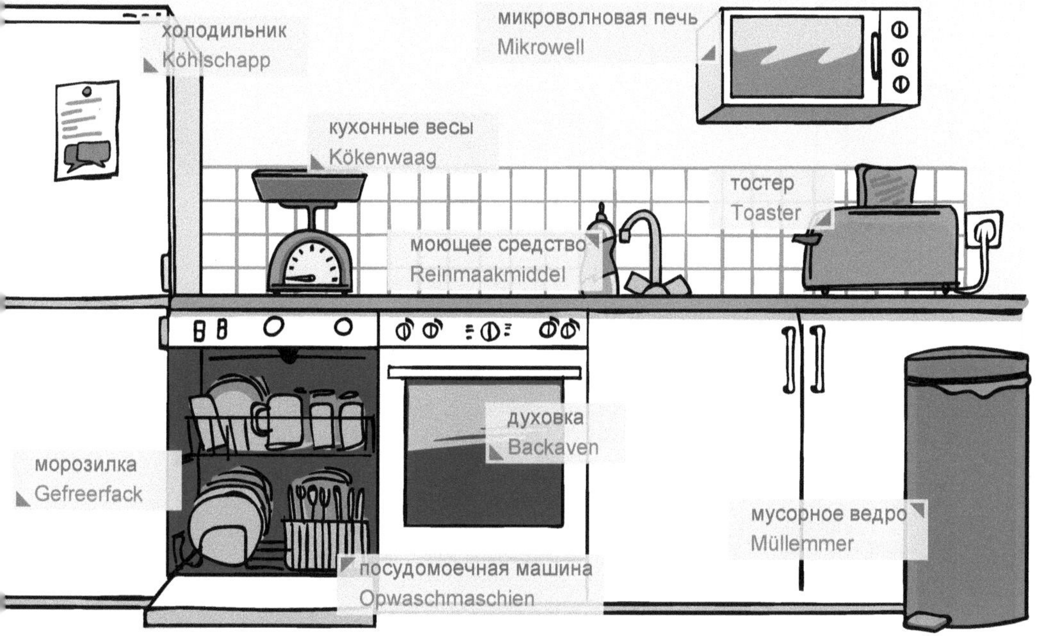
холодильник
Köhlschapp
микроволновая печь
Mikrowell
кухонные весы
Kökenwaag
тостер
Toaster
моющее средство
Reinmaakmiddel
духовка
Backaven
морозилка
Gefreerfack
мусорное ведро
Müllemmer
посудомоечная машина
Opwaschmaschien

плита
Heerd

кастрюля
Pott

чугунный котелок
Gussiesern Putt

вок / кадай
Wok / Kadai

сковорода
Pann

чайник
Waterkaker

пароварка

Dampkaakputt

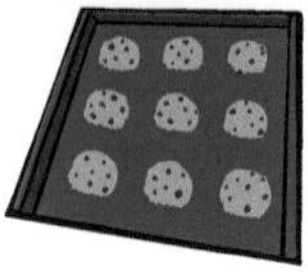

противень

Backblick

посуда

Geschirr

кружка

Beker

миска

Schaal

палочки для еды

Eetsticken

половник

Suppenkell

лопатка

Pannenwenner

сбивалка

Sneebessen

сито

Kaakseef

сито

Seef

тёрка

Riev

ступка

Mörser

гриль

Grill

костёр

Füerstell

доска

Sniedbrett

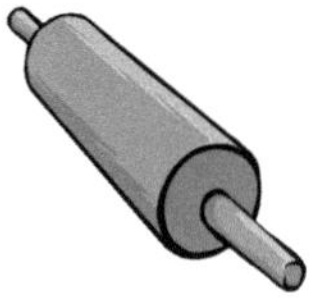

скалка

Nudelholt

штопор

Proppentrecker

жестяная банка

Doos

консервный нож

Dosenaapner

прихватка

Pottlappen

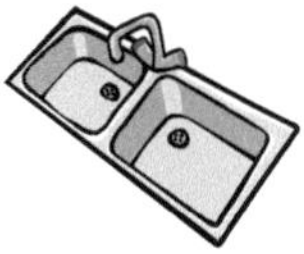

раковина

Waschbecken

щетка

Böst

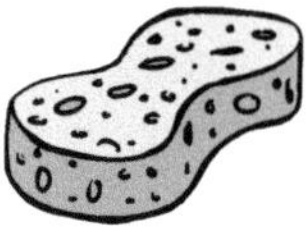

губка

Swamm

миксер

Mixer

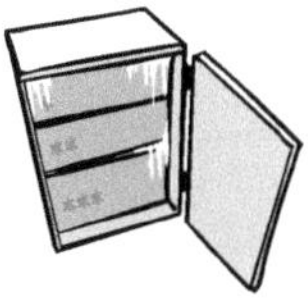

морозильная камера

Iesschapp

бутылочка для кормления

Nuckelbuddel

кран

Waterhahn

ванная комната
Baadstuuv

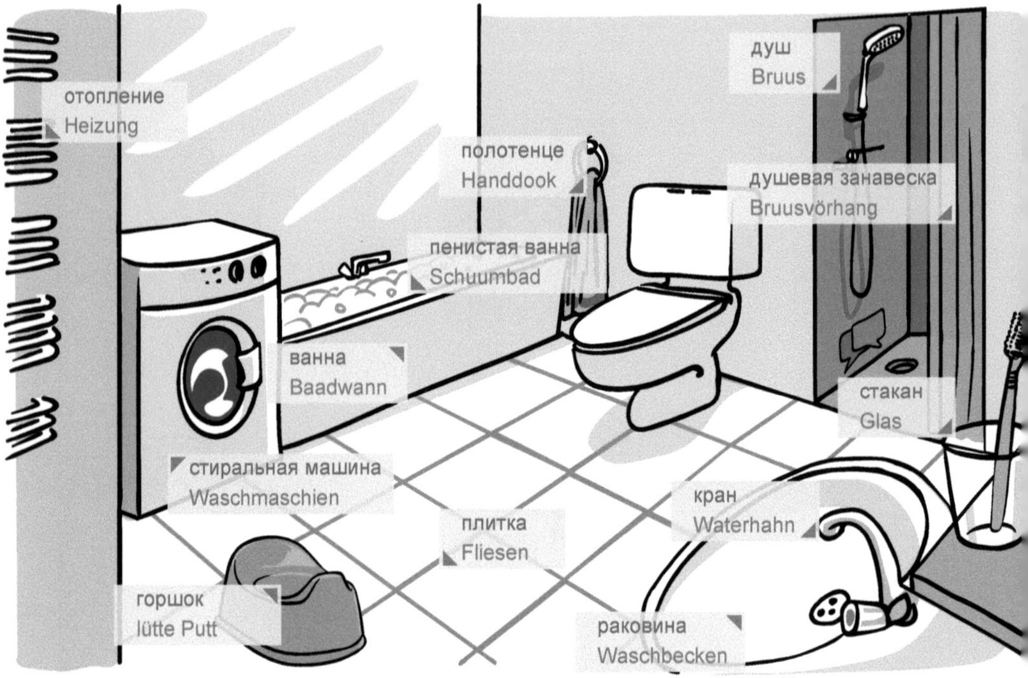

отопление
Heizung
душ
Bruus
полотенце
Handdook
душевая занавеска
Bruusvörhang
пенистая ванна
Schuumbad
ванна
Baadwann
стакан
Glas
стиральная машина
Waschmaschien
кран
Waterhahn
плитка
Fliesen
горшок
lütte Putt
раковина
Waschbecken

туалет
Tante Meier

напольный унитаз
Hockklo

биде
Bidet

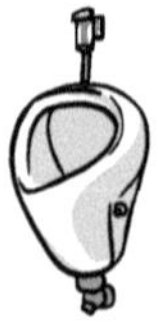

писсуар
Miegbecken

туалетная бумага
Klopapeer

ершик
Kloböst

зубная щетка

Tähnböst

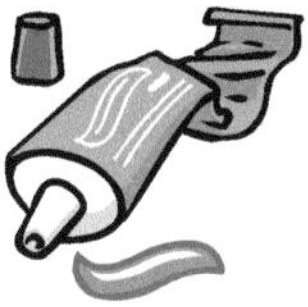

зубная паста

Tähnpast

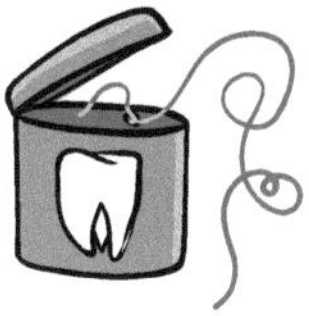

зубная нить

Tähnsied

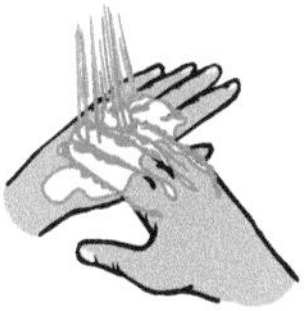

мыть

waschen

ручной душ

Handbruus

интимный душ

Intimbruus

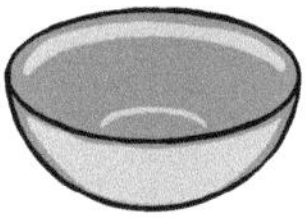

таз

Waschschöttel

щетка для спины

Rüchböst

мыло

Seep

гель для душа

Bruusgeel

шампунь

Hoorwaschmiddel

мочалка

Waschlappen

сток

Afloop

крем

Creme

дезодорант

Deodorant

зеркало

Spegel

ручное зеркало

Kosmetikspegel

бритва

Raserer

пена для бритья

Raseerschuum

лосьон после бритья

Raseerwater

расческа

Kamm

щетка

Böst

фен

Hoordröger

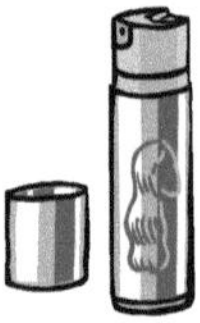

лак для волос

Hoorspray

косметика

Smink

губная помада

Lippensticken

лак для ногтей

Nagellack

вата

Watt

маникюрные ножницы

Nagelscheer

духи

Rüükwater

косметичка

Kulturbüdel

табуретка

Schemel

весы

Waag

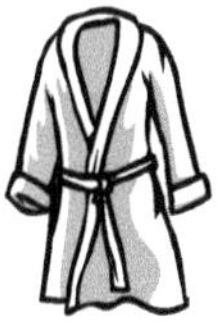

халат

Baadmantel

резиновые перчатки

Gummihanschen

тампон

Tampon

гигиеническая прокладка

Damenbinn

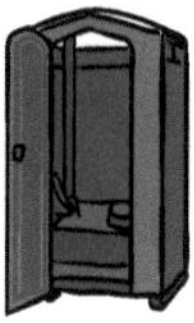

биотуалет

Chemieklo

детская комната
Kinnerstuuv

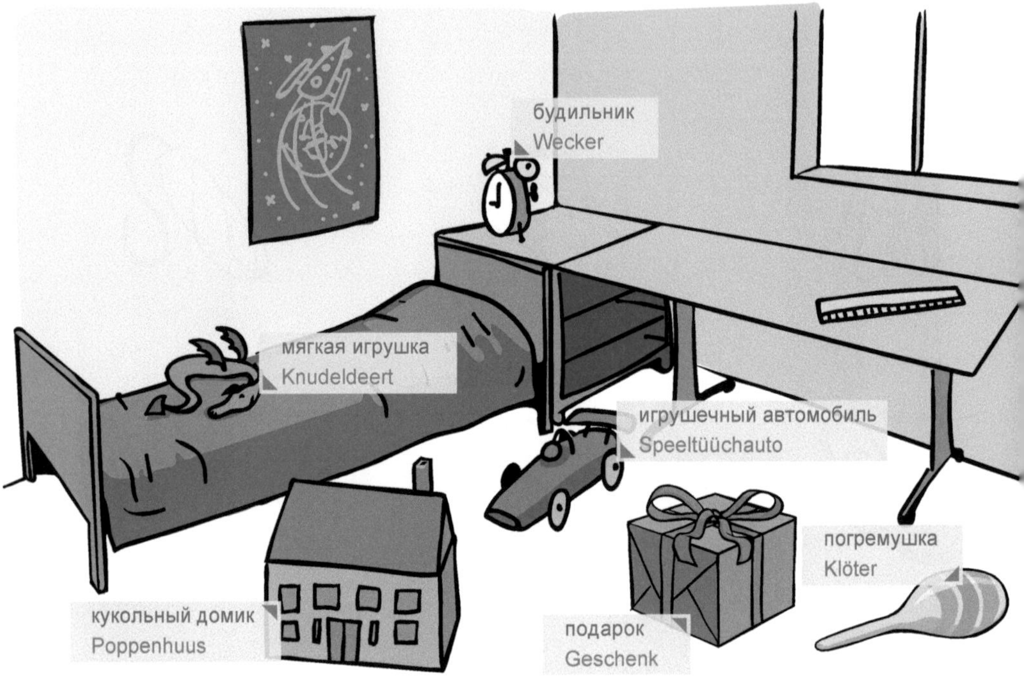
будильник
Wecker
мягкая игрушка
Knudeldeert
игрушечный автомобиль
Speeltüüchauto
погремушка
Klöter
кукольный домик
Poppenhuus
подарок
Geschenk

воздушный шар

Luftballon

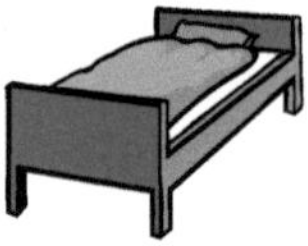

кровать

Puuch

детская коляска

Kinnerwagen

карточная игра

Koortenspeel

пазл

Puzzle

комикс

Billergeschicht

кирпичики Лего

Legostenen

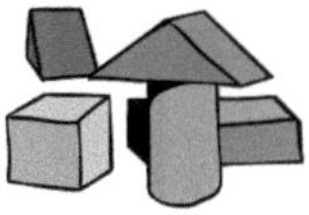

кубики

Bustenen

игрушечная фигурка

Action-Figur

ползунки

Strampelantog

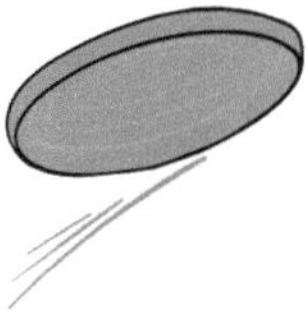

фрисби

Frisbeeschiev

мобиле

Mobile

настольная игра

Brettspeel

кубик

Wörpel

модель железной дороги

Modelliesenbahn

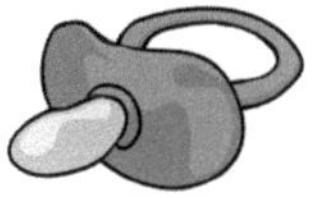

соска

Snuller

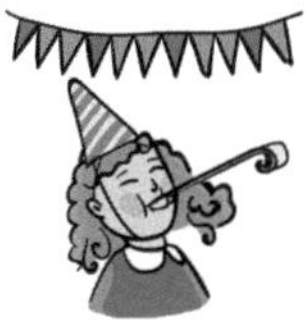

вечеринка

Party

книга с картинками

Billerbook

мяч

Ball

кукла

Popp

играть

spelen

песочница

Sandkassen

качели

Schuckel

игрушка

Speeltüüch

игровая приставка

Speelkonsool

трёхколесный велосипед

Dreerad

плюшевый медвежонок

Teddyboor

шкаф для одежды

Klederschapp

одежда
Tüüch

носки

Socken

чулки

Strümp

колготки

Strumpbüx

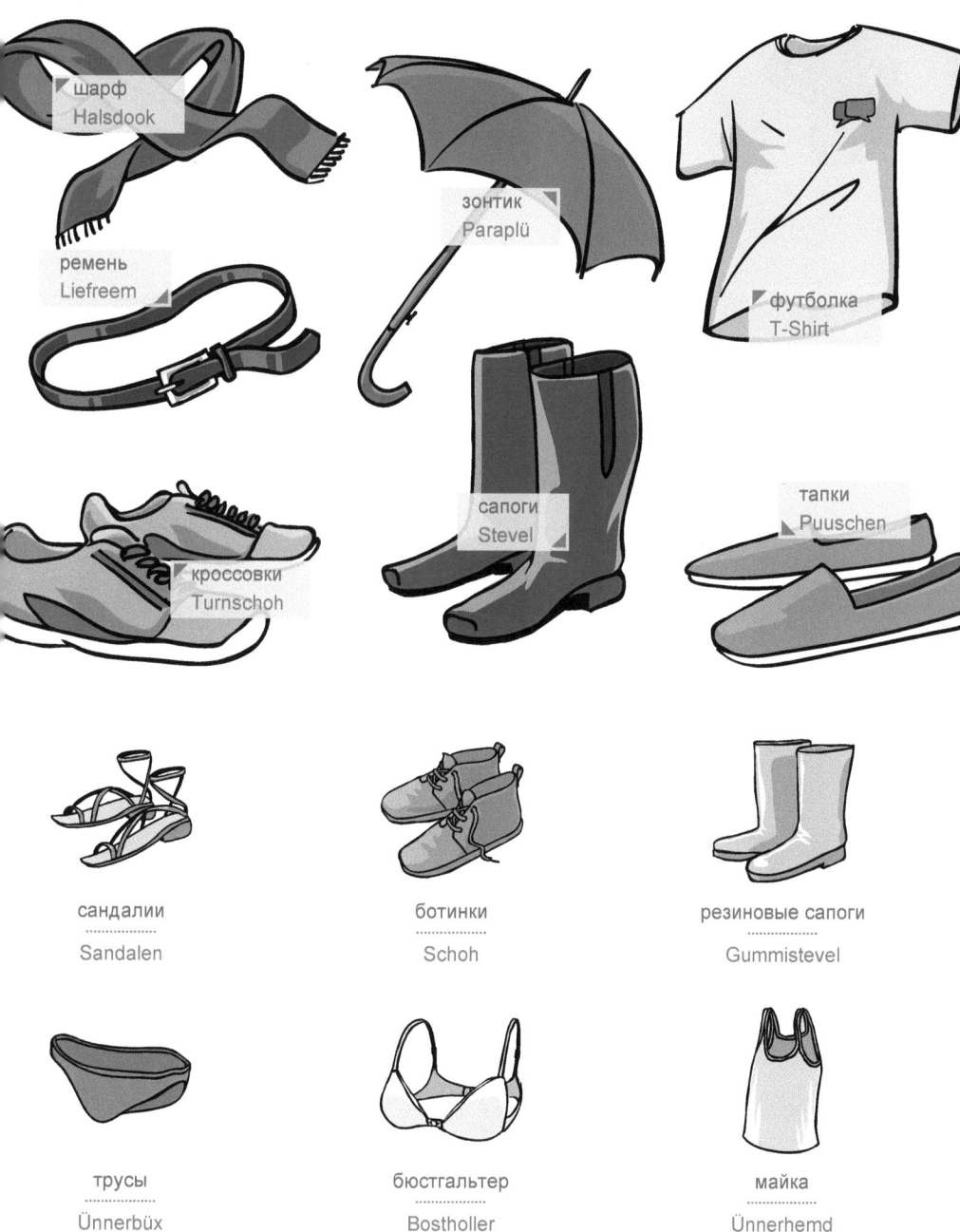

шарф
Halsdook

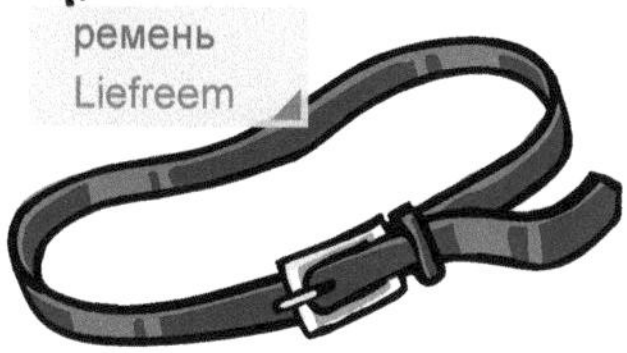
ремень
Liefreem

зонтик
Paraplü

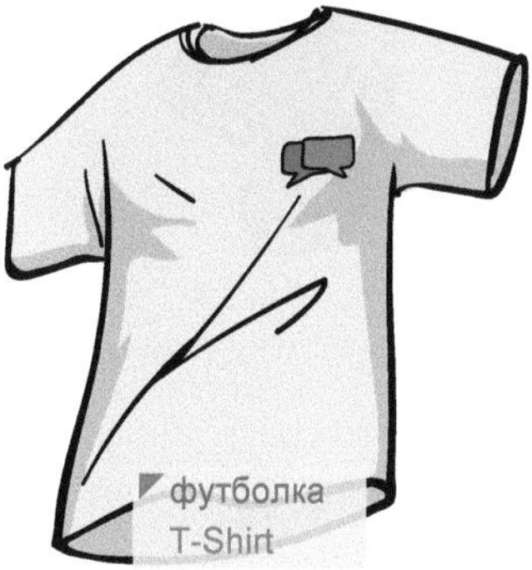
футболка
T-Shirt

кроссовки
Turnschoh

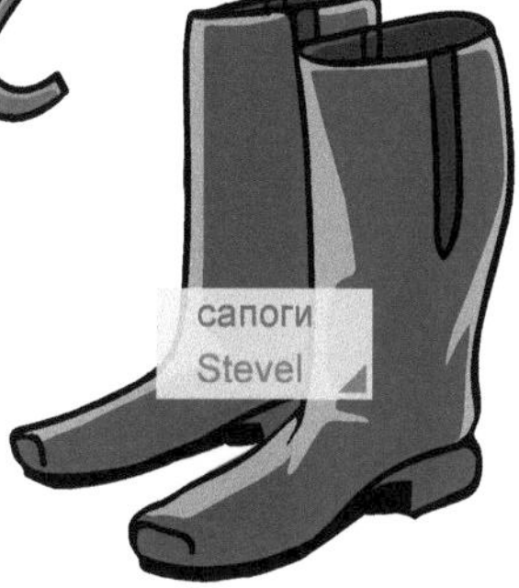
сапоги
Stevel

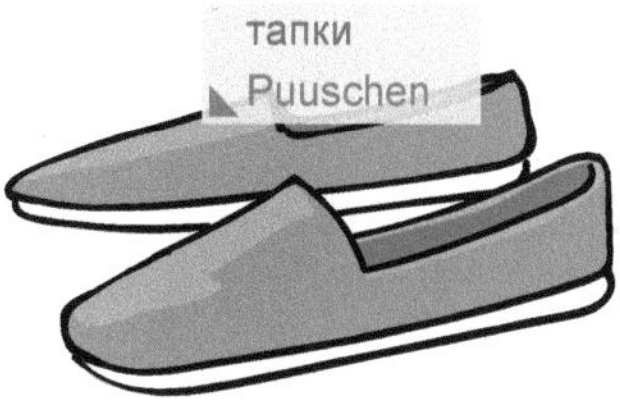
тапки
Puuschen

сандалии

Sandalen

ботинки

Schoh

резиновые сапоги

Gummistevel

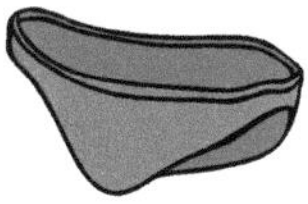

трусы

Ünnerbüx

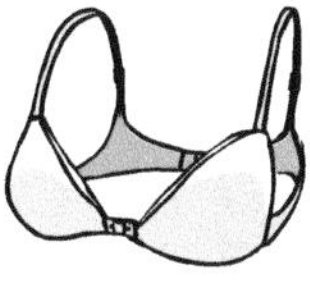

бюстгальтер

Bostholler

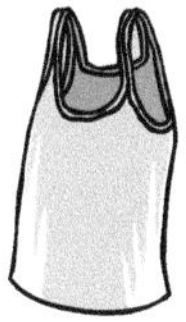

майка

Ünnerhemd

боди

Lief

брюки

Büx

джинсы

Jeansnüx

юбка

Rock

блузка

Bluus

рубашка

Hemd

свитер

Pullover

свитер

Kapuzenpullover

спортивная куртка

Blazer

жакет

Jack

пальто

Mantel

плащ

Övertrecker

костюм

Kostüm

платье

Kleed

свадебное платье

Hochtietskleed

мужской костюм

Antog

ночная сорочка

Nachtkleed

пижама

Slaapantog

сари

Sari

платок

Koppdook

тюрбан

Turban

паранджа

Burka

кафтан

Kaftan

абайя

Abaya

купальник

Baadantog

плавки

Baadbüx

шорты

Korte Büx

спортивный костюм

Antog to'n Öven

фартук

Schört

перчатки

Handschoh

пуговица

Knopp

очки

Brill

браслет

Armband

цепочка

Halskeed

кольцо

Ring

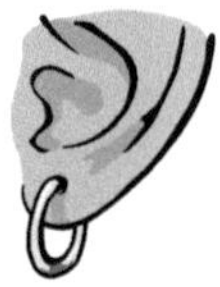

серьга

Ohrbummel

шапка

Mütz

вешалка

Klederbögel

шляпа

Hoot

галстук

Binner

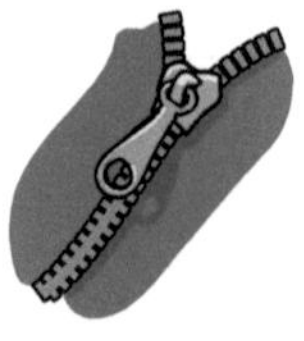

застежка молния

Rietslüter

шлем

Helm

подтяжки

Drachtband

школьная форма

Schooluniform

форма

Uniform

детский нагрудник

Severböten

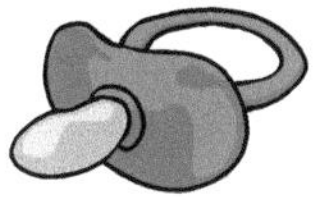

соска

Snuller

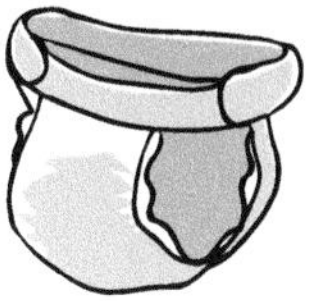

подгузник

Winnel

офис

Büro

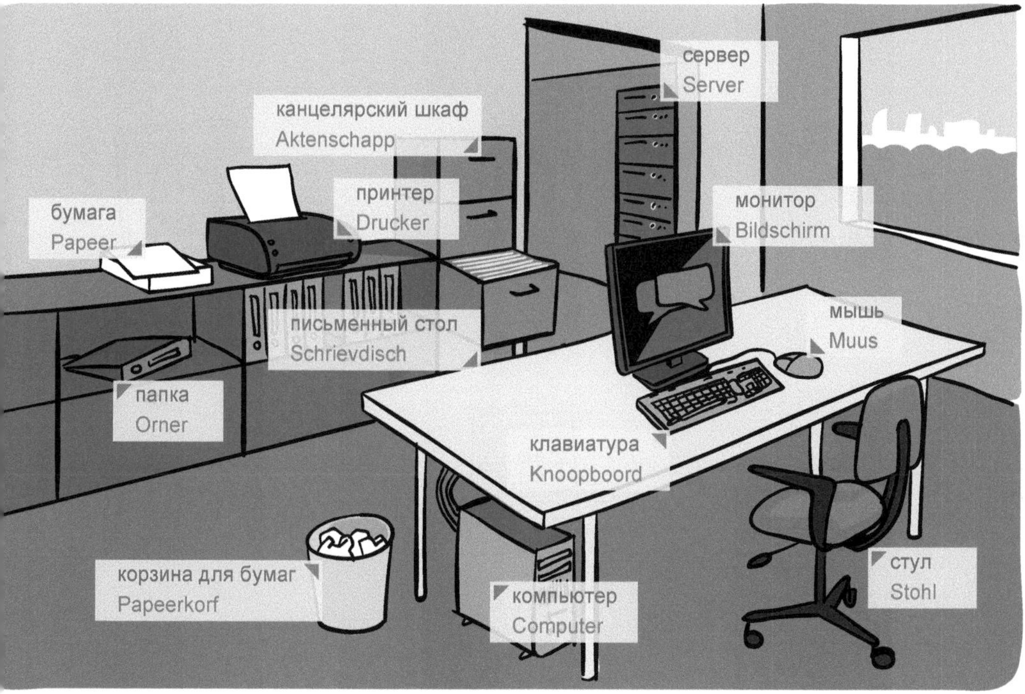

сервер
Server
канцелярский шкаф
Aktenschapp
принтер
Drucker
бумага
Papeer
монитор
Bildschirm
письменный стол
Schrievdisch
мышь
Muus
папка
Orner
клавиатура
Knoopboord
корзина для бумаг
Papeerkorf
компьютер
Computer
стул
Stohl

кофейная кружка

Koffiebeker

калькулятор

Taschenreekner

интернет

Internet

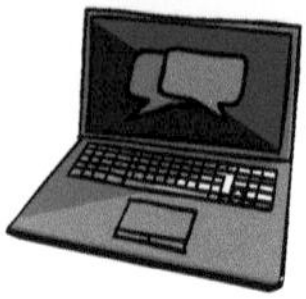

ноутбук

Klappreekner

письмо

Breef

сообщение

Naricht

мобильный телефон

Ackersnacker

сеть

Nettwark

ксерокс

Kopeerapparat

программа

Software

телефон

Klöönkassen

розетка

Steekdoos

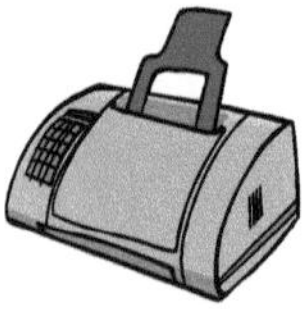

факс

Faxapparat

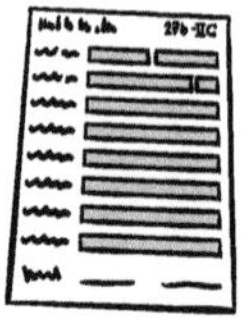

формуляр

Formulor

документ

Dokument

экономика
Weertschop

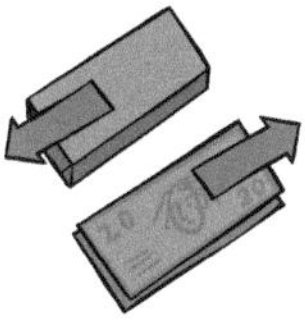

покупать

köpen

платить

betahlen

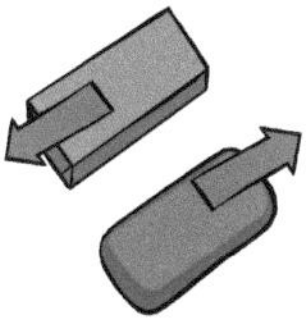

торговать

hanneln

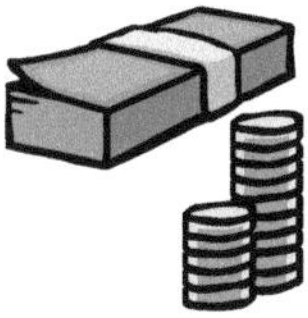

деньги

Geld

USD

доллар

Dollar

EUR

евро

Euro

JPY

иена

Yen

RUB

рубль

Ruvel

CHF

франк

Swiezer Franken

CNY

жэньминьби юань

Renminbi Yuan

INR

рупия

Rupie

ATM

банкомат

Geldautomat

пункт обмена валюты

Wesselstuuv

золото

Gold

серебро

Sülver

нефть

Ööl

энергия

Energie

36€

цена

Pries

договор

Verdrag

налог

Stüer

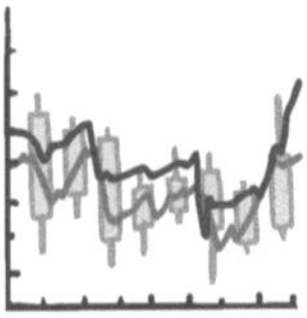

акция

Andeelschien

работать

arbeiden

служащий

Anstellte

работодатель

Arbeitgever

фабрика

Fabrik

heute billig, morgen teuer!

магазин

Hökerie

профессии
Profeschonen

милиционер
Wachtmeester
пожарный
Füerwehrmann
повар
Kock
врач
Dokter
пилот
Fleger

садовник
Goorner

столяр
Discher

швея
Neihersche

судья
Richter

химик
Chemiker

актёр
Schauspeler

водитель автобуса

Busfohrer

таксист

Taxifohrer

рыбак

Fischer

уборщица

Reinmaakfru

кровельщик

Dackdecker

официант

Kellner

охотник

Jäger

художник

Maler

пекарь

Bäcker

электрик

Elektriker

строитель

Buarbeider

инженер

Ingenieur

мясник

Slachter

сантехник

Klempner

почтальон

Postbüdel

солдат

Suldat

архитектор

Architekt

кассир

Kasserer

флорист

Florist

парикмахер

Putzbüdel

кондуктор

Schaffner

механик

Mechaniker

капитан

Kaptein

зубной врач

Tähndokter

ученый

Wetenschopler

раввин

Rabbi

имам

Imam

монах

Mönk

священник

Paap

инструменты
Warktüüch

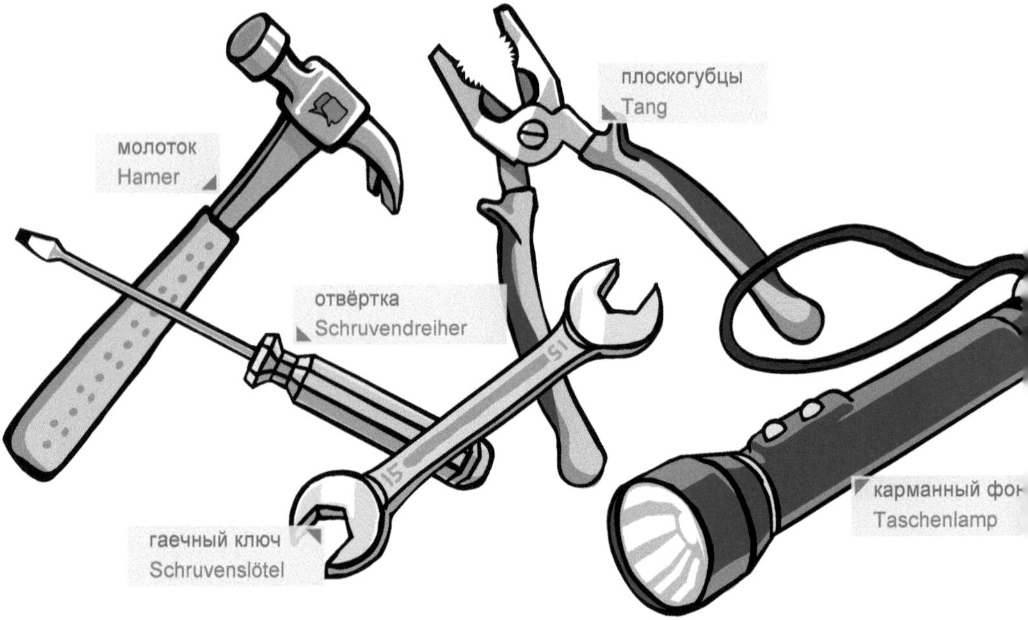

плоскогубцы
Tang
молоток
Hamer
отвёртка
Schruvendreiher
карманный фон
Taschenlamp
гаечный ключ
Schruvenslötel

экскаватор
Grieper

ящик для инструментов
Warktüüchkassen

стремянка
Ledder

пила
Saag

гвозди
Nagels

дрель
Bohrer

ремонтировать

heelmaken

лопата

Schüffel

Блин!

Schiet!

совок

Kehrblick

ведро с краской

Farvpott

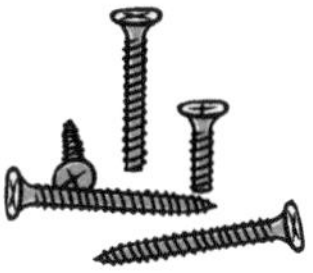

винты

Schruven

музыкальные инструменты
Musikinstrumenten

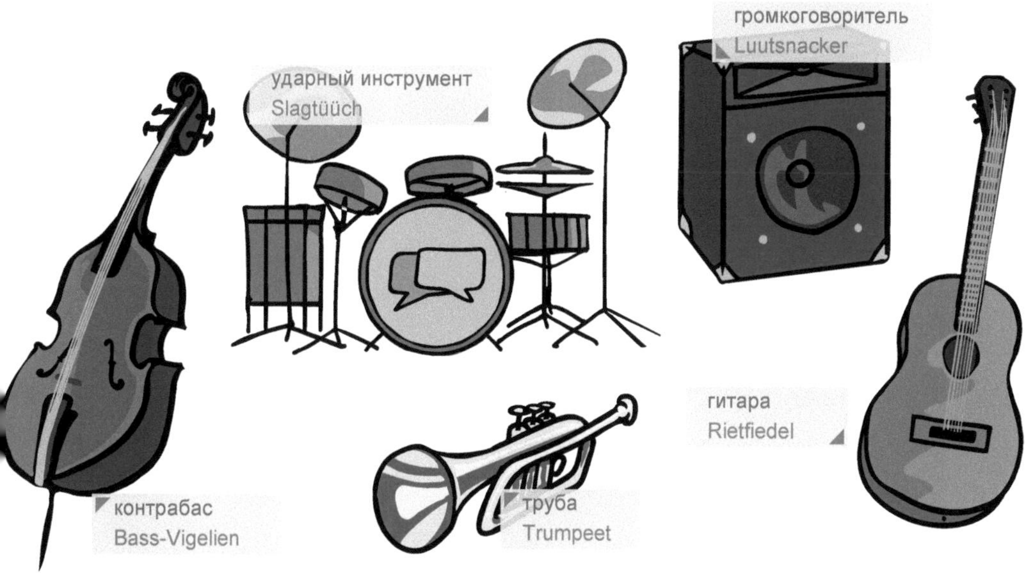
громкоговоритель
Luutsnacker
ударный инструмент
Slagtüüch
гитара
Rietfiedel
контрабас
Bass-Vigelien
труба
Trumpeet

пианино

Klaveer

скрипка

Vigelien

бас-гитара

Bass

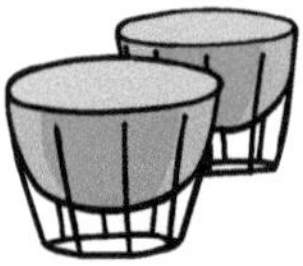

литавры

Pauk

барабан

Trummeln

синтезатор

Keyboard

саксофон

Saxophon

флейта

Fleut

микрофон

Mikrofoon

зоопарк
Deertenpark

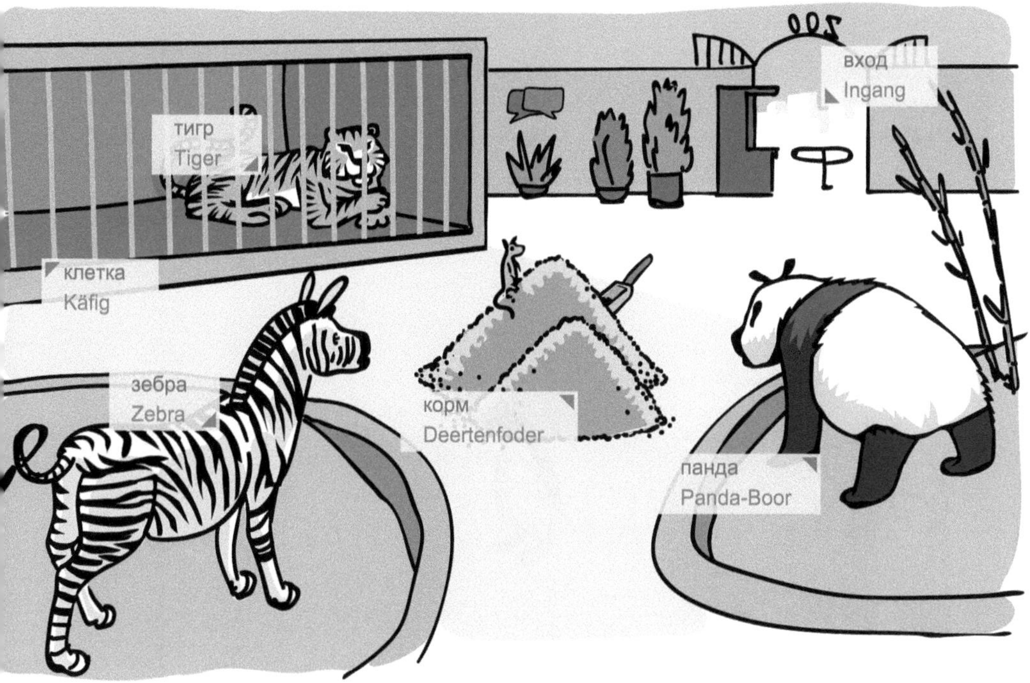
вход
Ingang
тигр
Tiger
клетка
Käfig
зебра
Zebra
корм
Deertenfoder
панда
Panda-Boor

животные

Deerten

слон

Elefant

кенгуру

Känguru

носорог

Neeshoorn

горилла

Gorilla

медведь

Boor

верблюд

Kameel

страус

Struuß

лев

Lööv

обезьяна

Aap

фламинго

Flamingo

попугай

Papagoi

белый медведь

Iesboor

пингвин

Pinguin

акула

Haifisch

павлин

Pageluun

змея

Slang

крокодил

Krokodil

служитель зоопарка

Oppasser in'n Deertenpark

тюлень

Saalhund

ягуар

Jaguor

пони

Pony

леопард

Leopard

бегемот

Nilpeerd

жираф

Giraff

орёл

Aadler

кабан

Wildswien

рыба

Fisch

черепаха

Schildkrööt

морж

Walross

лиса

Voss

газель

Gazell

спорт
Sport

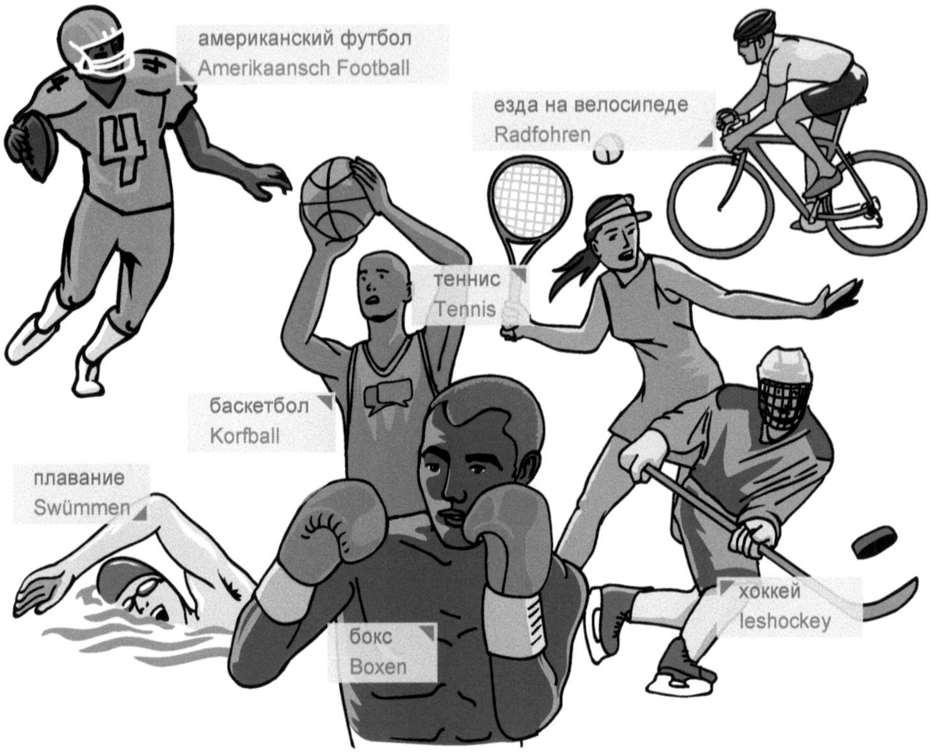

американский футбол
Amerikaansch Football
езда на велосипеде
Radfohren
теннис
Tennis
баскетбол
Korfball
плавание
Swümmen
бокс
Boxen
хоккей
Ieshockey

футбол

Football

бадминтон

Fedderball

лёгкая атлетика

Leichtathletik

гандбол

Handball

лыжный спорт

Skilopen

поло

Polo

действия
Aktivitäten

прыгать
springen
смеяться
lachen
обнимать
ümarmen
идти
gahn
петь
singen
мечтать
drömen
молиться
beden
целовать
snuteln

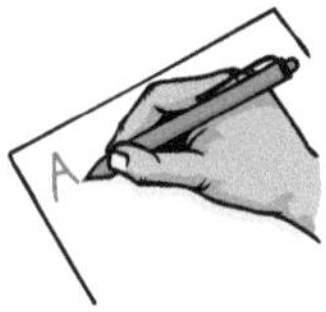

писать

schrieven

рисовать

teken

показывать

wiesen

нажимать

drücken

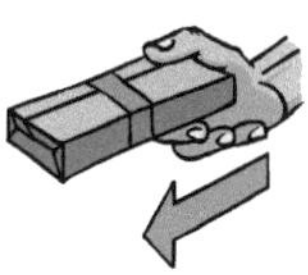

давать

geven

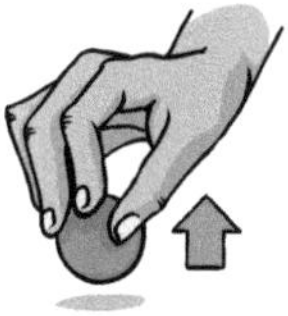

брать

nehmen

иметь

hebben

делать

doon

быть

sien

стоять

stahn

бежать

lopen

тянуть

trecken

бросать

smieten

падать

fallen

лежать

liggen

ждать

töven

носить

dregen

сидеть

sitten

надевать

antrecken

спать

slapen

просыпаться

opwaken

рассматривать

ankieken

плакать

wenen

гладить

eien

причесывать

kämmen

говорить

snacken

понимать

verstahn

спрашивать

fragen

слушать

hören

пить

drinken

кушать

eten

наводить порядок

oprümen

любить

leefhebben

готовить

kaken

ехать

fohren

летать

flegen

ходить под парусом

segeln

42

считать

reken

читать

lesen

учиться

lehren

работать

arbeiden

вступать в брак

de Plünnen tohoopsmieten

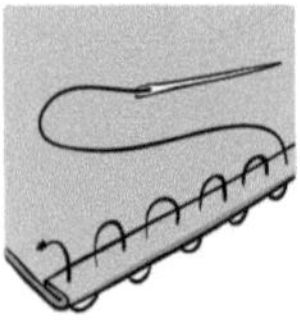

шить

neihen

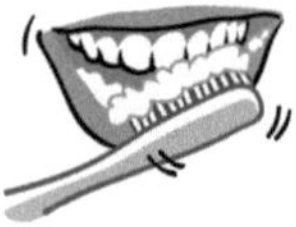

чистить зубы

Tähnen putzen

убивать

dootmaken

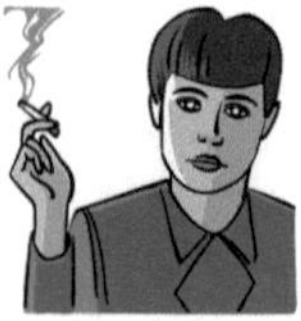

курить

smöken

отправлять

schicken

бабушка
Grootmoder
дедушка
Grootvadder
папа
Vadder
мама
Moder
младенец
Winnelkind
дочь
Dochter
сын
Söhn

гость
Gast

тетя
Tant

дядя
Unkel

брат
Broder

сестра
Süster

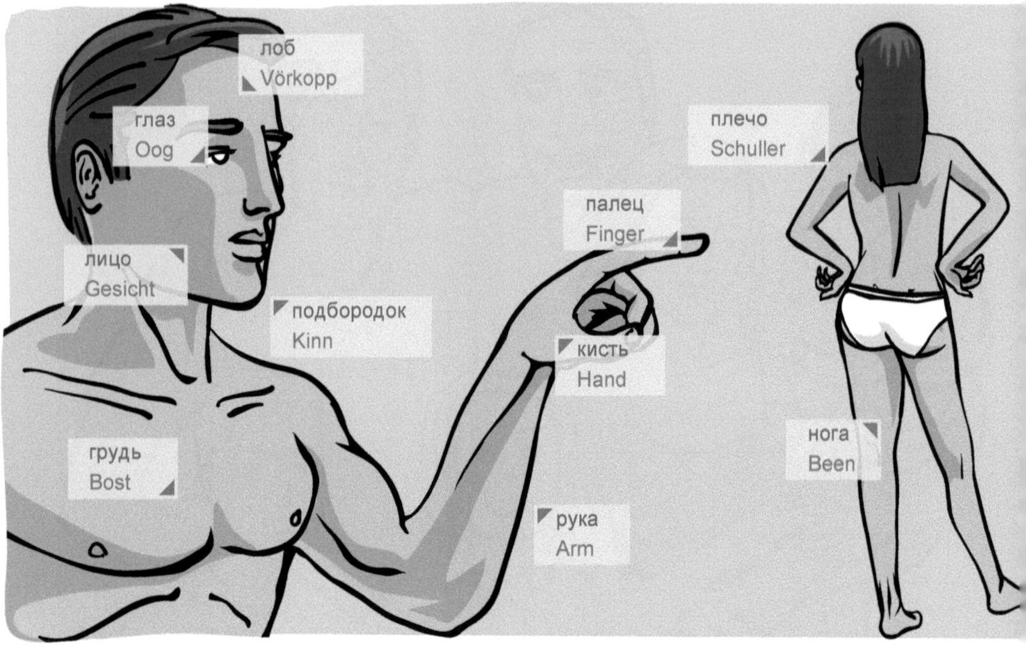
лоб
Vörkopp
глаз
Oog
плечо
Schuller
палец
Finger
лицо
Gesicht
подбородок
Kinn
кисть
Hand
нога
Been
грудь
Bost
рука
Arm

младенец
Winnelkind

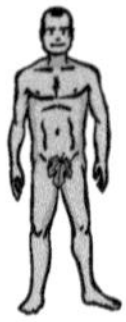
мужчина
Mann

женщина
Fro

девочка
Deern

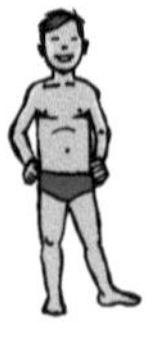
мальчик
Jung

голова
Arm

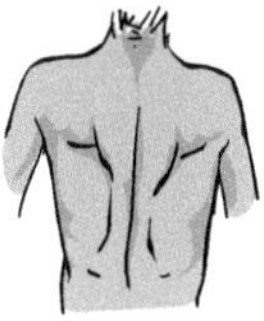

спина

Rüch

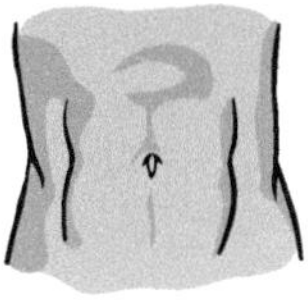

живот

Buuk

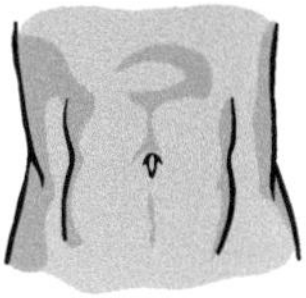

пупок

Navel

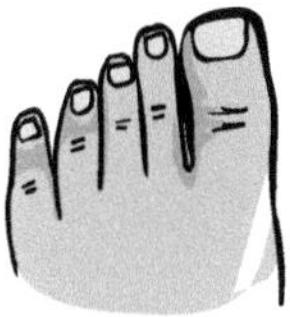

палец ноги

Teh

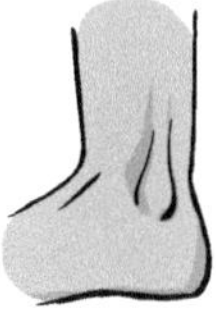

пятка

Hack

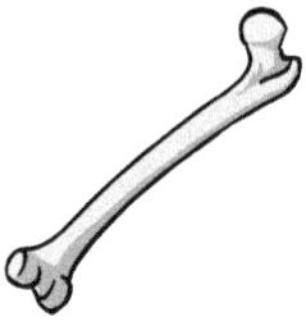

кость

Knaken

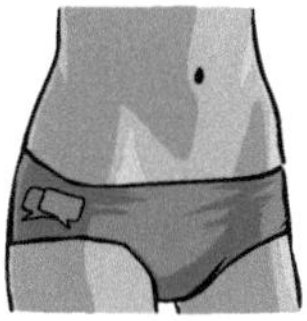

бедро

Hüft

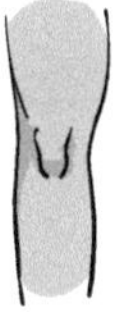

колено

Knee

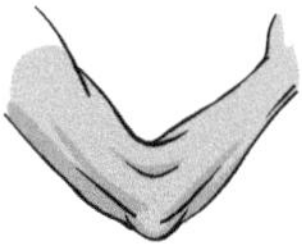

локоть

Ellbagen

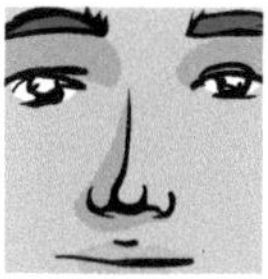

нос

Nees

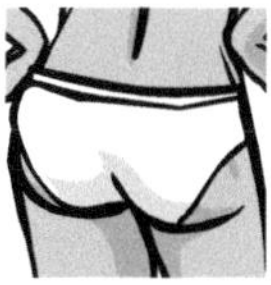

ягодицы

Achtersen

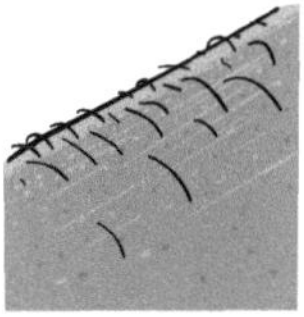

кожа

Huut

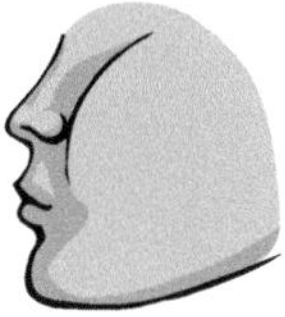

щека

Back

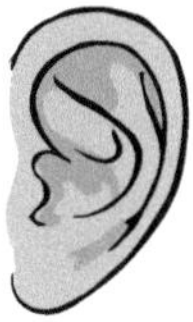

ухо

Ohr

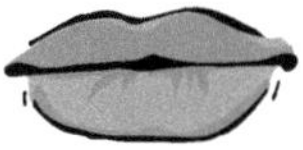

губа

Lipp

рот

Mund

зуб

Tähn

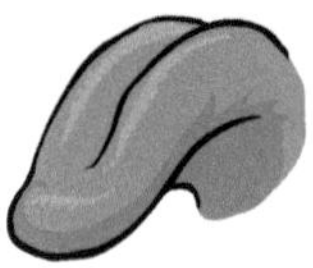

язык

Tung

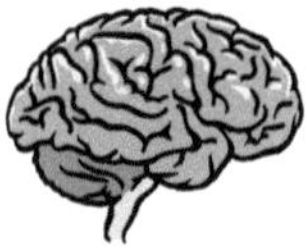

мозг

Bregen

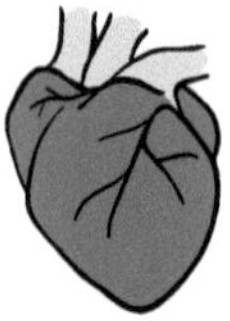

сердце

Hart

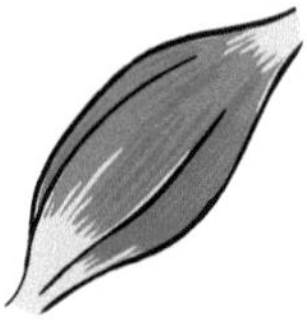

мышца

Muskel

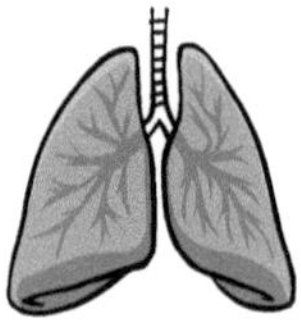

лёгкое

Lung

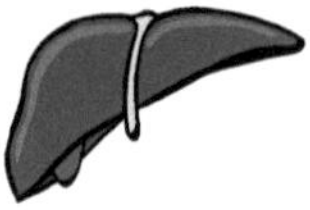

печень

Lever

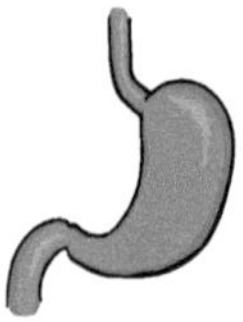

желудок

Maag

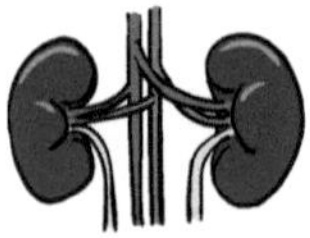

почки

Neren

половой акт

Bislaap

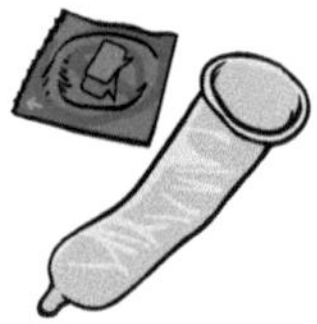

презерватив

Kondoom

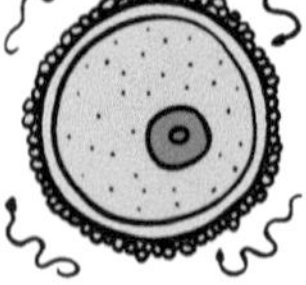

яйцеклетка

Eizell

сперма

Sperma

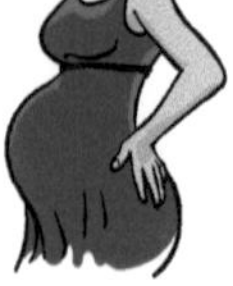

беременность

Anner Ümstänn

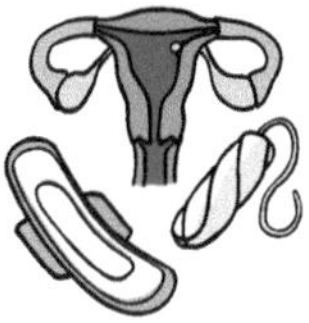

менструация

Menstruatschoon

вагина

Scheed

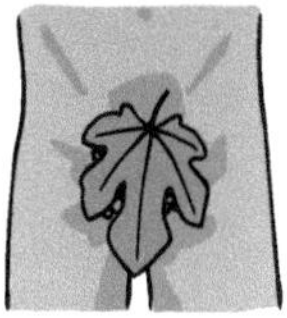

пенис

Pint

бровь

Ogenbroe

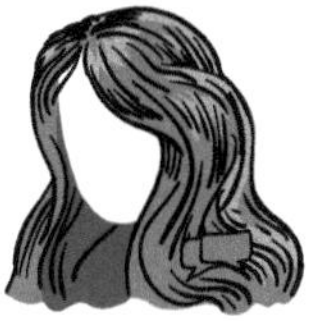

волосы

Hoor

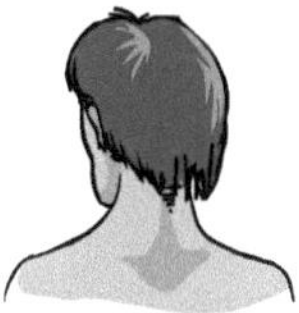

шея

Hals

больница

Krankenhuus

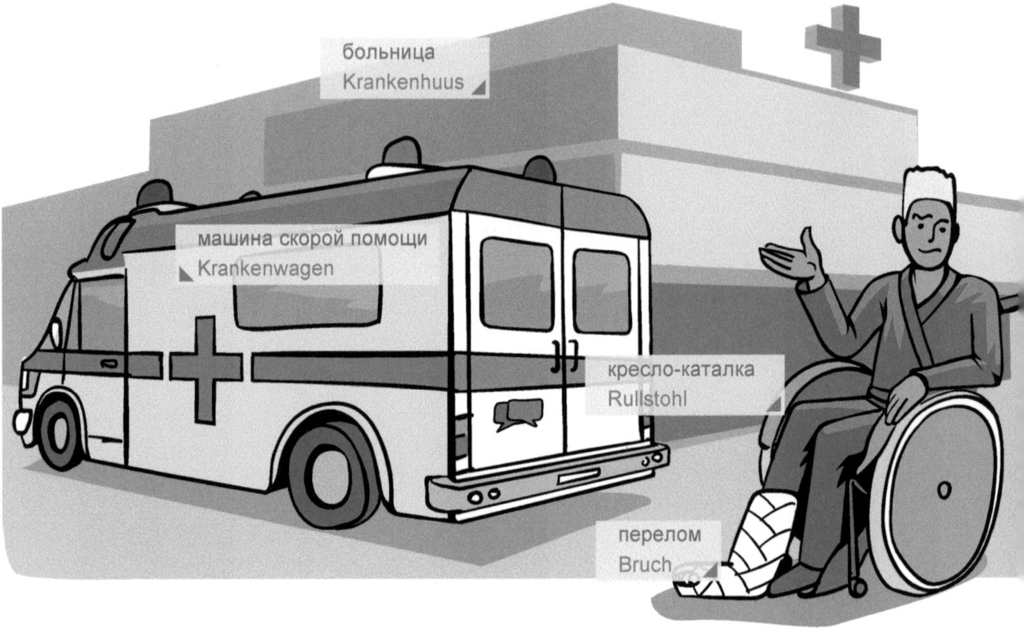
больница
Krankenhuus
машина скорой помощи
Krankenwagen
кресло-каталка
Rullstohl
перелом
Bruch

врач

Dokter

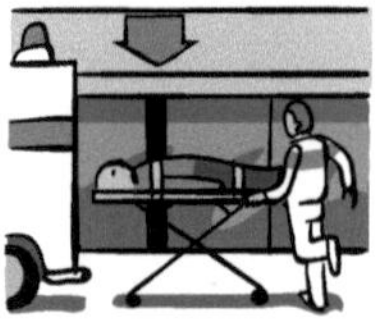

пункт первой помощи

Nootopnahm

медсестра

Krankensüster

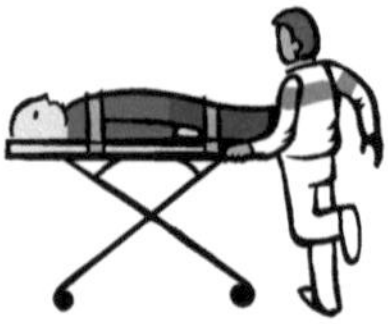

неотложный случай

Nootfall

без сознания

ahnmächtig

боль

Wehdaag

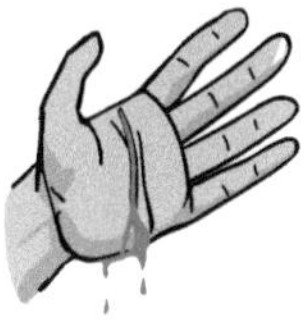

повреждение

Verwunnen

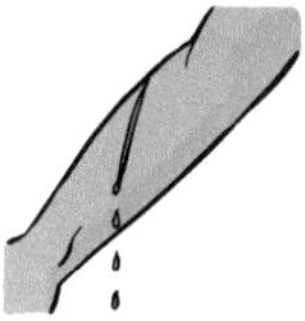

кровотечение

Blöden

инфаркт

Hartinfarkt

инсульт

Slaganfall

аллергия

Allergie

кашель

Hoosten

повышенная температура

Fever

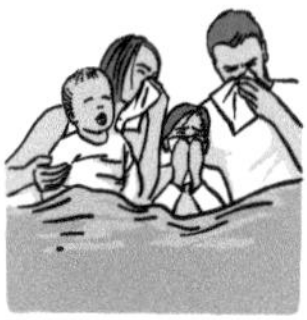

грипп

Gripp

понос

Dörchfall

головная боль

Koppwehdaag

рак

Kreeft

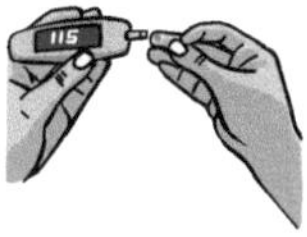

диабет

Zuckersüük

хирург

Chirurg

скальпель

Chirurgsch Mess

операция

Operatschoon

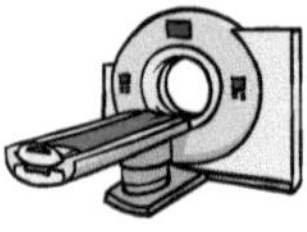

КТ

CT

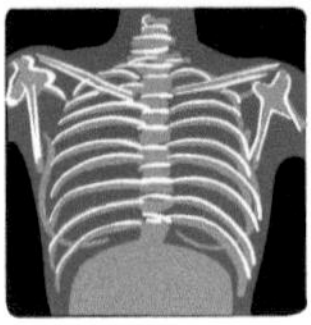

рентген

Dörchlüchten

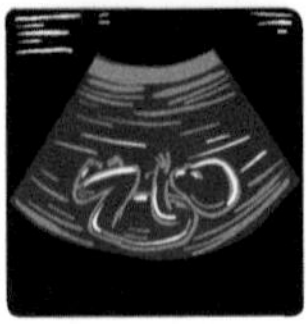

ультразвук

Ultraschall

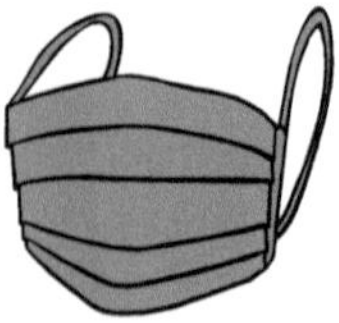

маска

Mask

болезнь

Krankheit

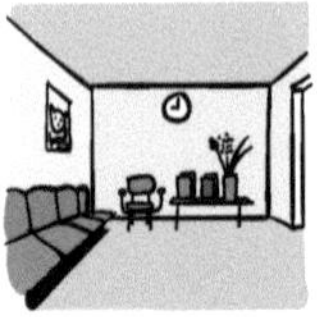

приёмная

Töövruum

костыль

Krück

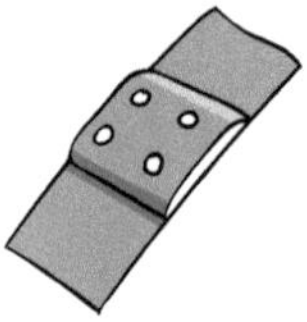

пластырь

Plaaster

бинт

Verband

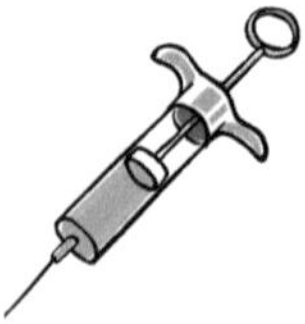

укол

Insprütten

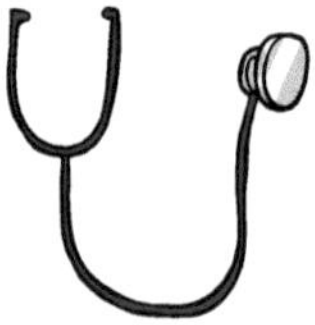

стетоскоп

Stethoskop

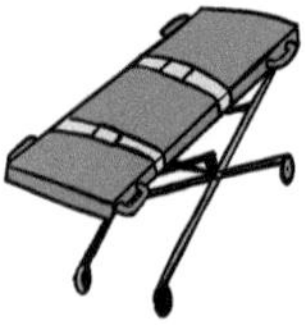

носилки

Draag

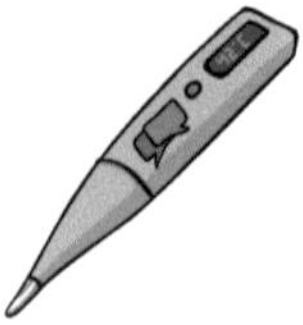

термометр

Feverthermometer

рождение

Geboort

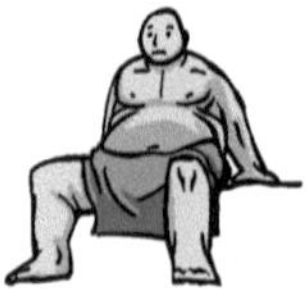

избыточный вес

Övergewicht

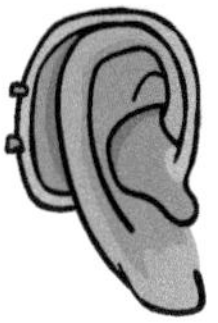

слуховой аппарат

Höörapparat

дезинфекционное средство

Kiemfriemiddel

инфекция

Ansteken

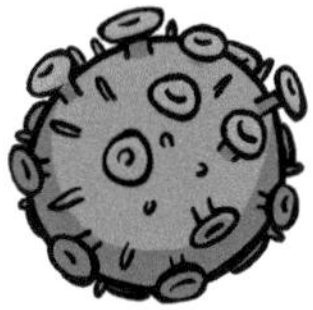

вирус

Virus

ВИЧ / СПИД

HIV / AIDS

лекарство

Heelmiddel

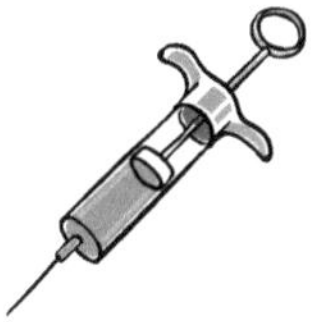

прививка

Impen

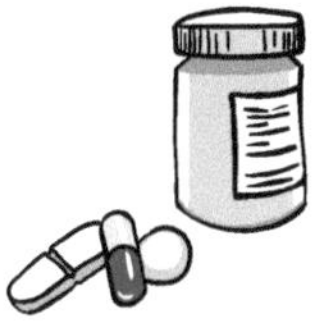

таблетки

Tabletten

противозачаточная таблетка

Pill

экстренный вызов

Nootroop

120
80

прибор для измерения кровяного давления

Blootdruck-Meter

больной / здоровый

krank / gesund

неотложный случай

Nootfall

Помогите!

Hölp!

сигнал тревоги

Alarm

нападение

Överfall

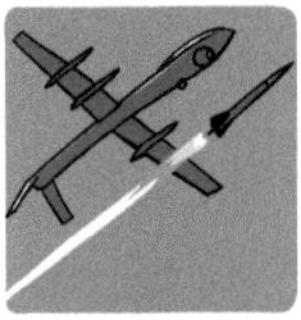

атака

Angreep

опасность

Gefohr

запасной выход

Nootutgang

Пожар!

Füer!

огнетушитель

Füerlöscher

несчастный случай

Unfall

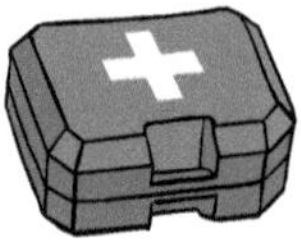

аптечка

Noothölpkoffer

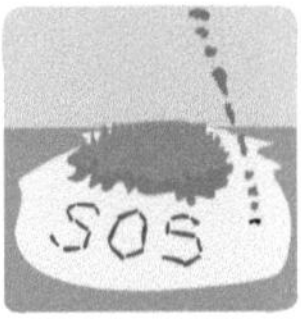
SOS

SOS

SOS

милиция

Polizei

земля
Eerd

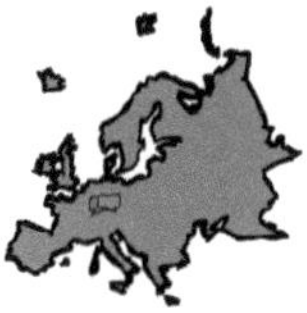
Европа
Europa

Северная Америка
Noordamerika

Южная Америка
Süüdamerika

Африка
Afrika

Азия
Asien

Австралия
Australien

Атлантический океан
Atlantik

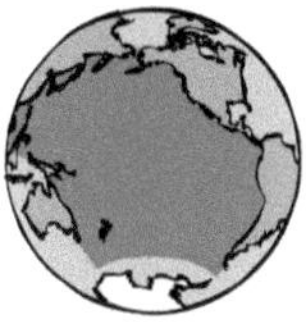
Тихий океан
Pazifik

Индийский океан
Indisch Weltmeer

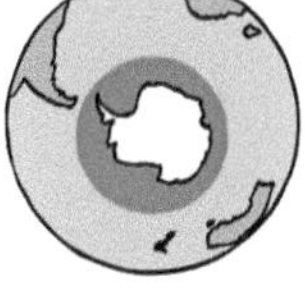
Антарктический океан
Antarktisch Weltmeer

Северный Ледовитый океан
Arktisch Weltmeer

Северный полюс
Noordpol

Южный полюс

Süüdpol

Антарктика

Antarktis

земля

Eerd

суша

Land

море

See

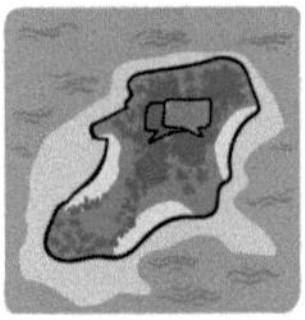

остров

Eiland

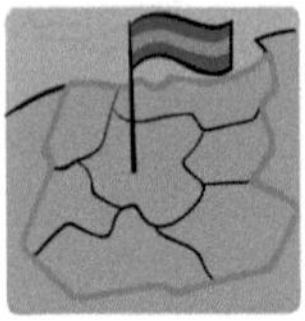

нация

Natschoon

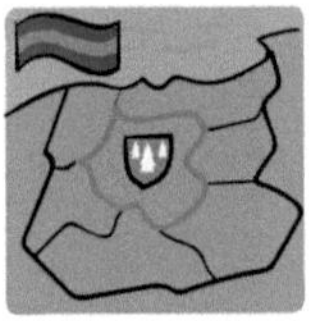

государство

Staat

часы
Klock

циферблат

Tallenblatt

часовая стрелка

Stunnenwieser

минутная стрелка

Minutenwieser

секундная стрелка

Sekunnenwieser

Который час?

Wo laat is dat?

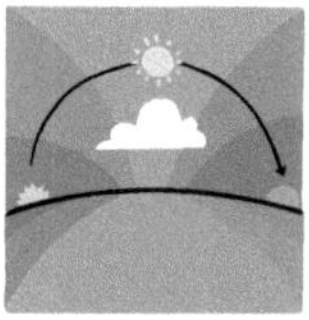

день

Dag

время

Tiet

сейчас

nu

10:25

электронные часы

digetaalsch Klock

минута

Minuut

час

Stunn

неделя
Week

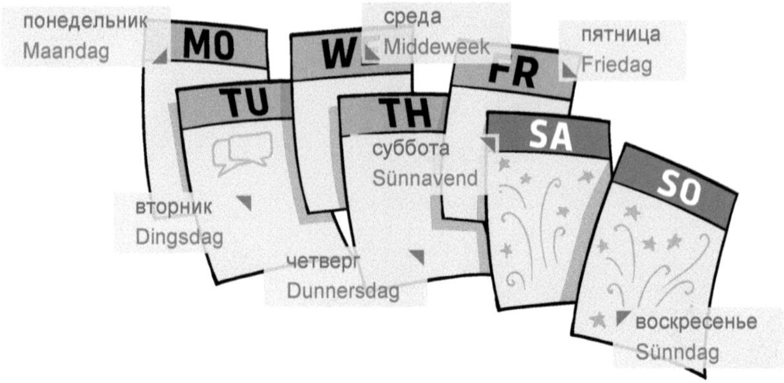

понедельник
Maandag
MO
среда
Middeweek
W
пятница
Friedag
FR
TU
TH
суббота
Sünnavend
SA
вторник
Dingsdag
SO
четверг
Dunnersdag
воскресенье
Sünndag

TUE
MON
1

вчера

güstern

TUE
2

сегодня

hüüt

TUE

завтра

morgen

утро

Morgen

полдень

Meddag

вечер

Avend

рабочие дни

Arbeitsdaag

выходные

Wekenenn

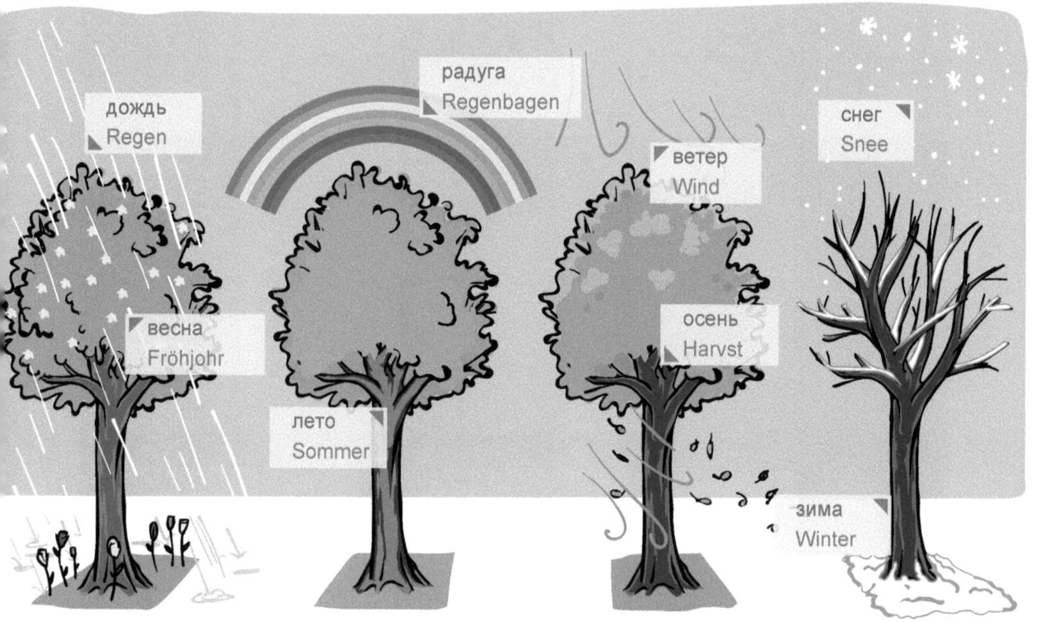
дождь
Regen
радуга
Regenbagen
ветер
Wind
снег
Snee
весна
Fröhjohr
лето
Sommer
осень
Harvst
зима
Winter

4.APRIL 11°
5.APRIL 4°
6.APRIL 13°
7.APRIL 8°
8.APRIL 10°

прогноз погоды

Wedervörhersaag

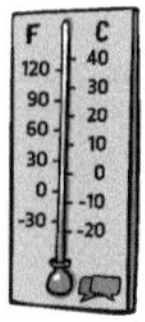
F C
120 40
90 30
60 20
30 10
0 0
-30 -10
-20

термометр

Thermometer

солнечный свет

Sünnenschien

туча

Wulk

туман

Nevel

влажность воздуха

Luftfuchtigkeit

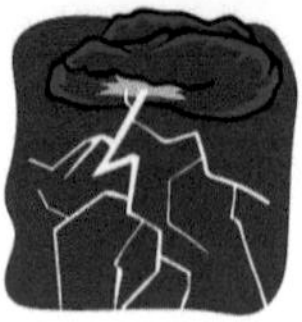

молния

Blitz

гром

Dunner

буря

Storm

град

Hagel

муссон

Monsun

наводнение

Floot

лёд

Ies

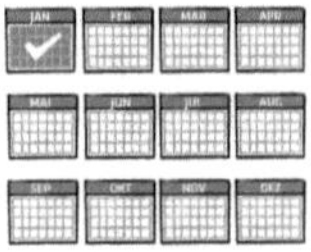

январь

Januormaand

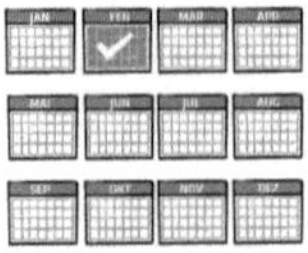

февраль

Februormaand

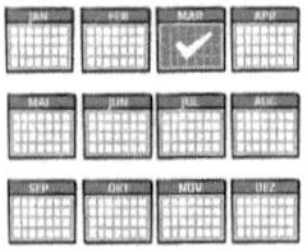

март

Martmaand

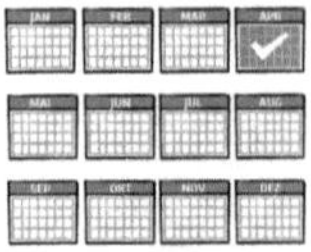

апрель

Aprilmaand

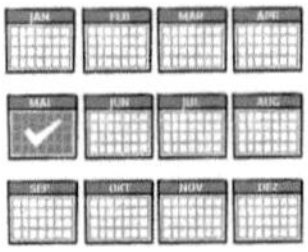

май

Maimaand

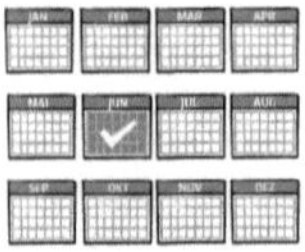

июнь

Junimaand

июль

Julimaand

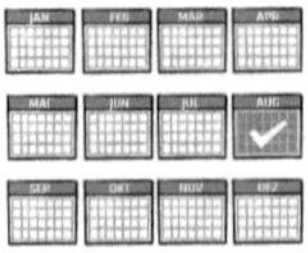

август

Augustmaand

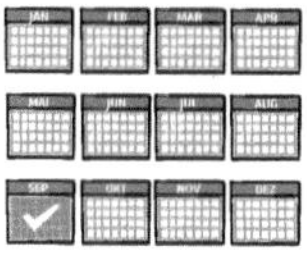

сентябрь

Septembermaand

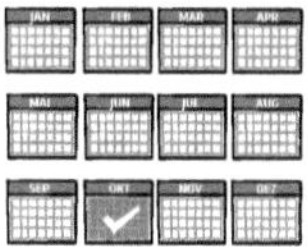

октябрь

Oktobermaand

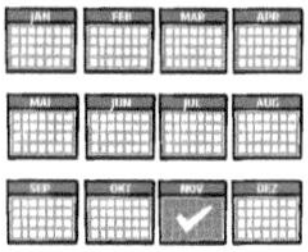

ноябрь

Novembermaand

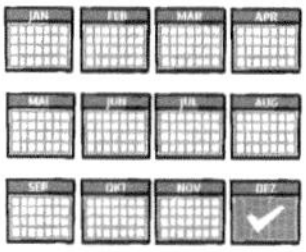

декабрь

Dezembermaand

формы
Formen

круг

Krink

квадрат

Quadrat

прямоугольник

Rechteck

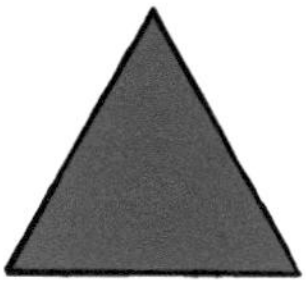

треугольник

Dreeeck

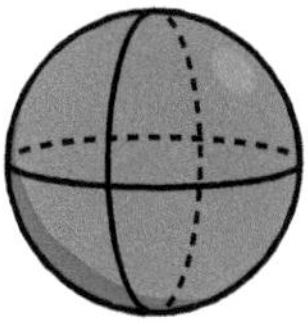

шар

Kugel

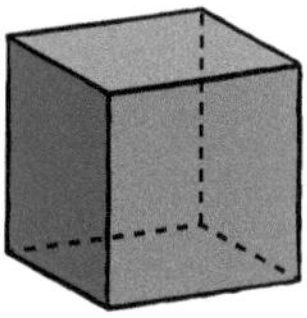

куб

Wörpel

цвета

Farven

белый

witt

желтый

geel

оранжевый

orangsch

розовый

pink

красный

root

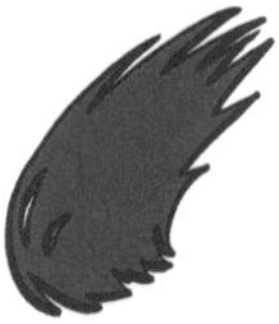

лиловый

lila

синий

blau

зелёный

gröön

коричневый

bruun

серый

gries

черный

swart

противоположности

Gegendelen

много / мало

veel / wenig

яростный / мирный

böös / verdreeglich

красивый / уродливый

smuck / mies

начало / конец

Begünn / Enn

большой / маленький

groot / lütt

светлый / темный

hell / düüster

брат / сестра

Broder / Süster

чистый / грязный

schier / schietig

полный / неполный

kumpleet / nich kumpleet

день / ночь

Dag / Nacht

мёртвый / живой

doot / lebennig

широкий / узкий

breet / small

съедобный / несъедобный

geneetbor / nich geneetbor

злой / дружелюбный

böös / fründlich

взволнованный / скучающий

fickerig / langwielt

толстый / худой

dick / dünn

MO
TU
WE
TH
FR
SA
SO

сначала / в конце

toeerst / toletzt

друг / враг

Fründ / Fiend

полный / пустой

vull / leddig

твёрдый / мягкий

hart / week

тяжёлый / легкий

swoor / licht

голод / жажда

Smacht / Döst

больной / здоровый

krank / gesund

незаконный / законный

nich na't Recht / na't Recht

умный / глупый

klook / dummerhaftig

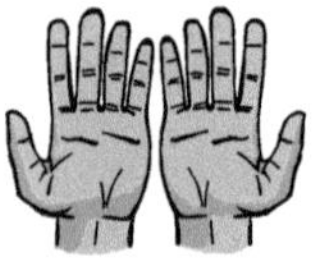

слева / справа

linkerhand / rechterhand

близко / далеко

neeg / feern

новый / подержанный

nieg / bruukt

ничто / нечто

nix / wat

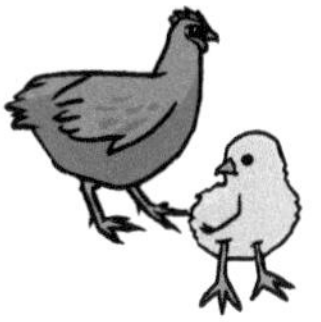

старый / молодой

oolt / jung

включено / выключено

an / ut

открыто / закрыто

apen / slaten

тихо / громко

lies / luut

богатый / бедный

riek / arm

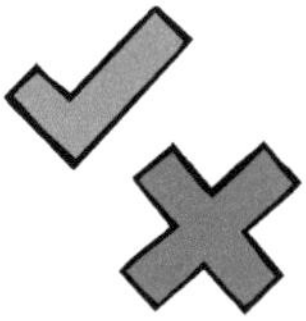

правильный / неправильный

richtig / verkehrt

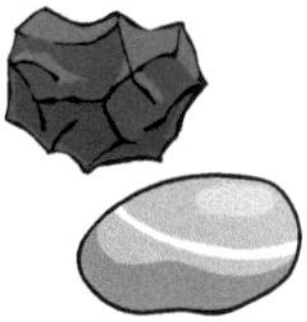

шероховатый / гладкий

ruug / glatt

печальный / счастливый

trurig / glücklich

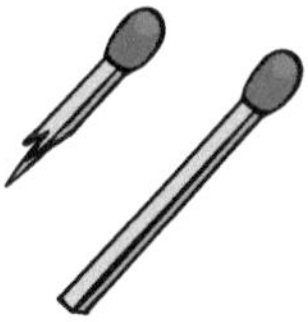

короткий / длинный

kort / lang

медленный / быстрый

suutje / flink

мокрый / сухой

natt / dröög

тёплый / прохладный

warm / köhl

война / мир

Krieg / Freden

цифры
Tallen

0	ноль	null
1	один	een
2	два	twee
3	три	dree
4	четыре	veer
5	пять	fief
6	шесть	söss
7	семь	söven
8	восемь	acht
9	девять	negen
10	десять	teihn
11	одиннадцать	ölven

12

двенадцать

twölf

13

тринадцать

dörteihn

14

четырнадцать

veerteihn

15

пятнадцать

föffteihn

16

шестнадцать

sössteihn

17

семнадцать

söventeihn

18

восемнадцать

achtteihn

19

девятнадцать

negenteihn

20

двадцать

twintig

100

сто

hunnert

1.000

тысяча

dusend

1.000.000

миллион

million

английский

Engelsch

американский английский

Amerikaansch Engelsch

мандаринский китайский

Chineesch Mandarin

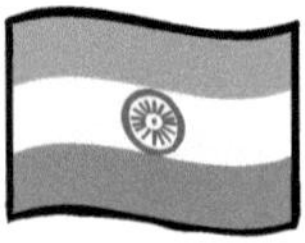

хинди

Hindi

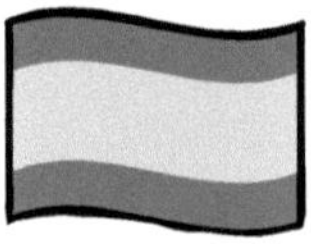

испанский

Spaansch

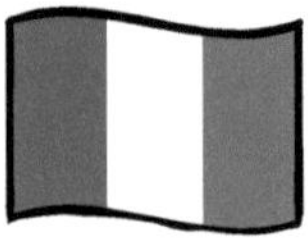

французский

Franzöösch

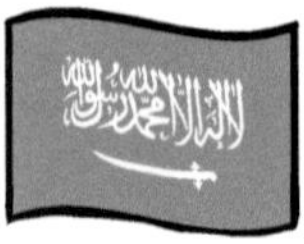

арабский

Araabsch

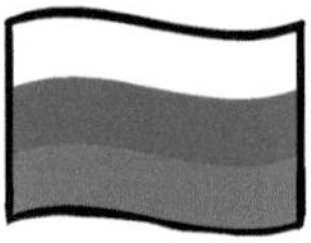

русский

Rusch

португальский

Portugiesch

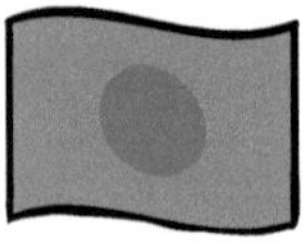

бенгальский

Bengaalsch

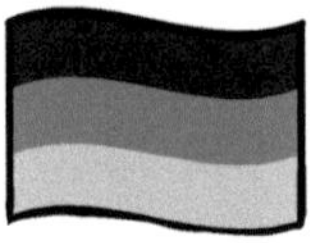

немецкий

Düütsch

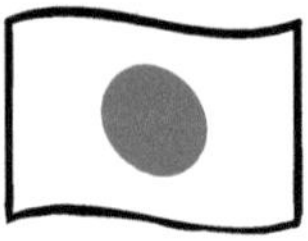

японский

Japaansch

я

ik

ты

du

он / она / оно

he / se / dat

мы

wi

вы

ji

они

se

кто?

keen?

что?

wat?

как?

woans?

где?

woneem?

когда?

wannehr?

HELLO, I AM

имя

Naam

где

wo

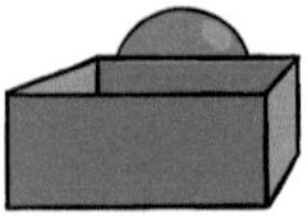

за

achter

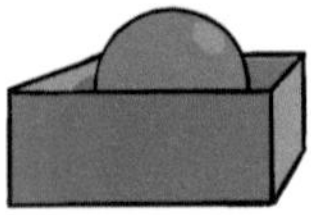

в

in

перед

vör

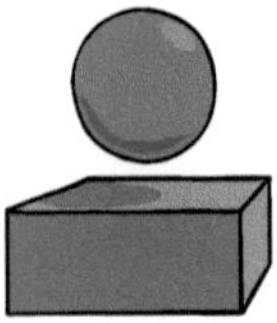

над

över

на

op

под

ünner

рядом

blangen

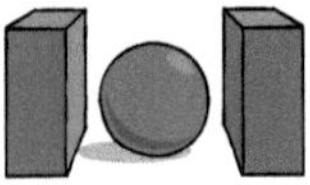

между

twüschen

место

Oort